적당한 거리를 두세요.

내 사람,
내 인생을 지키는
관계 맺기의 기술

───────────

유카와 히사코 지음
김윤경 옮김

적당한 거리를 두세요.

심플라이프

가까우면 엉키고
물러나면 풀린다

신기하게도 사람은 타인과 나 사이에 적당한 거리를 둘 때 마음이 너그러워집니다. 누군가와 관계를 맺을 때, 우리는 둘 사이의 거리를 가늠하면서 조금 더 다가가고 싶어 밀어붙이기도 하고 머뭇거리며 살짝 물러나기도 하지요. 때로는 서툴러 실수도 하지만 또다시 거리를 조절하고 관계를 엮으며 살아갑니다. 인생은 사람들과 그때그때 마침맞은 거리를 찾아가는 일의 연속인지도 모르겠습니다.

인생을 어느 정도 살아왔다면 가장 마음 편한 거리를 스스로 찾을 수 있는, 그런 사람이 되어야겠지요. 이것이 바로 제가 그리는 성숙한 어른의 모습입니다.

이 책에서 제가 전하고 싶은 말도 '적당히 거리를 두려는 마음가짐'입니다. 남편이나 아내, 부모나 자식, 며느리나 사위, 이웃이나 오랜 친구와도 매한가지죠. 자신이 생각하는 것보다 더도 말고 반 발짝만 물러나 살짝 거리를 둬 보세요. 왠지 평소보다 조금 더 푸근하고 너그러워지는 자신을 느낄 수 있을 거예요.

실도 너무 가까이 두면 엉켜 버리지요. 수많은 인간관계가 얽히고설켜 문제를 일으키는 이유는 대부분 서로 간에 거리가 너무 가깝기 때문입니다. 저는 아흔이 넘은 지금까지 60여 년 동안 변호사로 일하며 '뒤엉킨 실'과 같은 각양각색의 인간관계를 마치 교통정리 하듯이 풀어 왔습니다.

올바른 방법으로 살살 잡아당기기만 하면 쉽게 풀리

는 실이 있는가 하면 매듭이 이미 단단하게 묶여 버린 실도 있습니다. 얽힌 모습은 제각각입니다만, 뒤엉킨 실의 한가운데만 잡고 낑낑거려 봐야 쉽사리 풀릴 기미가 보이지 않는 건 마찬가지일 테지요. 그럴 땐 얽힌 곳에서 한 발 물러나 들여다보면 해결의 실마리가 보일 거예요.

타인과의 관계만이 아닙니다. 자신에게 일어난 문제나 고민에서 한 발짝 떨어져 조금만 거리를 둔다면 어떤 일이든지 해결을 향해 앞으로 나아갈 수 있습니다. 저 역시 '법'이라는 도구를 이용해 단단한 매듭으로 엉킨 실타래를 풀어 나가면서 많은 사람이 인생의 전환기를 맞이하는 모습을 함께 지켜보았습니다. 그 과정에서 많은 것을 배우고 얻었지요.

제 변호사 인생 대부분을 바친 민사재판 세계에서 법은 '심판하는 것'이 아니라 '풀기 위한 것'이었습니다. 사람의 마음은 결코 법으로 심판할 수 없으며 법정에서 판결되는 승리 혹은 패배가 인생의 진정한 행복을 결정하지도 않습니다. 이겼다고 믿어 의심치 않았으나 힘들고 답답할 때도 있고, 졌다고 생각했는데 오히려 홀가분하고 마음 편한 경우도 있을 테죠. 이렇듯 법으로 재단할 수 없는 복잡하고 미묘한 인간의 삶을 수없이 목격하면서 진정한 행복이란 무엇인지 늘 곰곰이 생각하곤 했습니다.

앞서 '뒤엉킨 실을 푼다'라고 이야기했는데, 실제로 엉킨 실을 풀기는 굉장히 어렵더군요. 저는 날 때부터 성질이 급한 편이라 그런지 실이나 다른 것들이 엉킬 때마다 사무실 직원에게 풀어 달라고 부탁하는데, 순식간에 풀어 주는 걸 보고 깜짝 놀란 적이 한두 번이 아닙니다. 그런 제가 사람들의 마음속에 뒤엉켜 있는 실을 풀어 주는 일에 유난히 마음이 가는 이유는 그들이 단단히 뒤엉킨 마음의 실을 풀고 다시 앞으로 나아가길 진심으로 바라기 때문입니다. 지금보다 마음 편하게, 다른 사람과의 관계를 즐기며 살아갈 수 있는 '적당한 거리'를 찾길 기대하면서 말이지요.

목차

1
장

나를 지키는 거리.

누구에게도
끌려다니지 않는다

우리 부부와 주말에 종종 저녁 식사를 같이하는 이웃 부부가 있다. 교양 있고 마음씨 따뜻한 그들과 함께 식탁에 둘러앉아 세상 돌아가는 얘기, 회사나 자식들 얘기, 소소한 고민과 조언을 주고받곤 한다. 한 날은 부인이 직접 만든 우메보시를 소담스레 담아 들고 우리 집 문을 두드렸다. 나는 반갑고 고마운 마음에 따뜻한 차와 다과를 대접했고, 그녀와 한참이나 마주 앉아 도란도란 수다를 떨었다.

이야기가 꼬리에 꼬리를 물며 이어지던 참에, 부인은 무언가 생각났다는 듯 새로운 화두를 꺼냈다.

"그러고 보니 저, 요즘 고민이 있는데요……."

자세한 내용은 이러했다. 부인에게는 아주 가깝게 지내는 친구가 한 명 있었다. 학창 시절을 함께 보냈고 오랫동안 서로 멀지 않은 곳에서 산 터라 누구보다 많은 시간을 공유한 친구였다. 그런데 몇 해 전, 안타깝게도 친구는 불의의 사고로 남편을 떠나보내고 혼자가 되었다. 부인은 안타까운 마음에 누구보다 살뜰히 친구를 챙겼다고 한다. 그런데 언제부턴가 그 친구는 오늘 먹은 반찬이 정말 맛있었다든지, 형광등이 깜빡거린다든지 하는 아주 사소한 일로도 부인에게 연락을 해 왔다. 쇼핑이나 산책도 꼭 같이 가기를 원했다. 부인은 집안일을 하거나 개인적인 시간을 누릴 여유조차 마음 편히 갖질 못했다. 무엇보다 친구가 외롭고 힘든 마음을 자주 토로해 대화가 하소연으로 흐르는 경우가 많아졌다. 부인은 나에게 친구가 안타까운 한편 조금은 지친다고 말했다. 그녀가 상처받을까 봐 뭐라고 말할 수도 없는 노릇이었다.

주변 사람을 돌보고, 챙기고, 그들과 진심으로 교제하는 것은 관계 속에서 살아가는 인간에게 꼭 필요한 덕목이자 참으로 아름다운 일이다. 나 역시 주변 사람 챙기기를 좋아한다. 상대가 기뻐하는 모습을 보면 나도 기쁘기 때문이다.

남을 돕는 일을 마음껏 즐기는 사람은 힘든데도 참고 인내하거나 무리하지 않는다. 마음에 한 뼘이나마 여유가 있을 때, 순수한 마음으로 베풀 수 있을 때만 주변 사람을 돕는다.

사람마다 각자 허용치가 다르다. 따라서 체력에 한계를 느끼거나 다른 할 일이 있어 기쁜 마음으로 도울 수 없다면 해결책은 단 한 가지다. 자신의 생각을 상대방에게 솔직히 털어놓는 것이다. '그랬다가는 저 사람이 실망할지도 몰라' 하는 생각에 주저할지 모르지만 시도해 보지 않으면 알 수 없는 일이다. 상대방은 내 마음도 자신과 같다고 생각할지 모른다. 그리고 내가 부담스러워하는 걸 누구보다 상대가 원하지 않을 수 있다.

처음에 한 마디를 꺼내기가 쉽지 않을 테지만 조금씩 용기 내 솔직한 마음을 입 밖으로 표현해 보길 바란다. 상대를 탓하기보단 자신의 상황과 느낌을 진실하게 알리는 편이 좋다. 또는 한 달에 한 번, 주말 하루만이라도 평소에 하고 싶었던 일을 배우거나 혼자만의 시간을 가짐으로써 오롯이 나에게만 집중하는 것도 훌륭한 방법이다.

도움은 즐길 수 있는 범위, 즉 여력이 있는 범위 내에서 주어야 한다는 말은 친구 사이뿐 아니라 모든 인간관계에 적용된다. 직장 동료, 연인, 부모 혹은 자녀가 곤란하다고 해서 통장을 탈탈 털어 가면서까지 도움을 준다면 내 생활이 엉망이 됨은 물론 마음도 힘들어지고, 상대방 역시 시행착오를 겪으며 스스로 자립할 수 있는 방법을 배우지 못하게 된다.

어떻게든 내가 도와줘야 한다는 생각은 상대에게 의존심을 심어 줄 뿐이다. 어른이란 자신이 해야 할 일을 스스로 책임지는 사람이다. 할 수 없는 일을 서로 도와주는 것도 중요하지만 상대의 역할과 책임을 빼앗지 않는 것 또한 무척 중요하다. 그리고 무엇보다 타인을 위해 나에게 가장 소중한 '나'를 소진해선 안 된다는 사실을 기억해야 한다.

나를 필요로 하면 기쁘다.
하지만 남몰래 인내하고 무리해서는 안 된다.
누구보다도 먼저 '나 자신'을 소중히
여기겠다고 마음먹자.

솔직하게 말하면
달라지는 것들

　　　　　이야기한다는 것은 문제를 자신에
게서 떼어 놓는 일이며 마음의 덫에서 내려놓는 의식이
기도 하다. 내면에 웅크린 괴롭고 힘든 감정을 누군가에
게 털어놓으면 조금 떨어져서 문제를 볼 수 있어 어디로
가야 할지 알게 되거나 해결의 실마리를 찾기도 한다. 설
령 문제가 해결되진 않더라도 '아, 그런 거였어!' 하는 뜻
밖의 깨달음을 얻을 수 있다.

　몇 년 전부터 육아에 적극적으로 참여하는 남성을 가
리키는 '육아빠'나 스스로 나서서 집안일을 맡는 '가사남'
같은 말이 생겨나는가 싶더니, 어느덧 남성이 집안일과

육아를 함께하는 일이 너무도 당연하게 되었다. 그러나 과거에는 직장에 다니는 아내나 육아에 참여하는 남성이 그리 많지 않았다.

과거 가정주부에게 여행할 때 가장 좋은 점이 무엇이냐고 물으면 대부분 자신이 요리하지 않아도 식사할 수 있다는 점과 집안일을 하지 않아도 된다는 점을 꼽았다.

"앉아 있기만 해도 요리가 척척 나오니 최고예요. 매일 뭘 해 먹어야 하나 고민할 필요 없고 설거지도 안 해도 되니까요."

그때 여성들은 밖에서 일을 보다가도 저녁 시간이 되면 식사를 준비하기 위해 허둥지둥 집으로 돌아가곤 했다. 어쩌다 한 번 동창회에 참석하기도 쉽지 않았고, 집을 며칠 비워야 하면 여간 고생이 아니었다. 식구들이 먹을 음식을 미리 만들어 냉장고에 채워 두어야 했고, 남편이 입을 옷까지 다 챙겨 놓고 떠나는 사람도 있었다. 이렇게 말하면 내가 까마득한 옛날 사람 같지만 정말로 그런 때가 있었다.

어떤 여성은 30년 동안 결혼 생활을 하며 오로지 좋은 주부 역할만을 자처해 왔다. 저녁 시간에는 외출을 삼

갔고 별다른 취미도 갖지 않았다. 그러던 어느 날 친구와 만난 자리에서 "결혼한 지 30년이나 되었어도 주부로서의 보람은 없지 않아?"라는 말을 듣고 큰 충격을 받았다. 그동안 가슴에 꾹꾹 눌러 담아 왔던 감정이 북받쳤다.

며칠 뒤 아내는 고민 끝에 남편에게 물었다.

"나 여행 가서 자고 와도 돼?"

남편은 몹시 놀랐다. 아내가 원래 사람 만나기를 꺼리고 외출을 싫어하며 여행도 좋아하지 않는다고 생각했기 때문이다.

"그럼, 물론이지."

반대할 것이라 생각했던 남편이 벙실벙실 웃으며 허락하는 모습을 보고 아내 역시 놀랐다. 남편 입장에서는 가정에서 잠시 벗어나 자신만의 즐거움을 찾으려는 아내의 모습이 싫을 이유가 없었다. 그 후 아내는 친구들과 노래 교실에 다니며 한층 더 쾌활해졌고, 전보다 사교적이고 잘 웃는 사람이 되었다. 남편은 남편대로 혼자만의 자유로운 시간을 즐기고 있다.

몇십 년 전 사례이기는 하지만, 가사와 육아를 어느 정도 평등하게 분담하는 요즘도 '책임'만큼은 혼자 끌어안으려는 여성이 많은 듯하다. 집이 지저분하거나 냉장고가 비었거나 아이가 모난 행동을 할 때, 자기도 모르게 '내가 잘못해서 그래'라고 생각한다. 이 사고의 뿌리에는 '안락하고 화목한 가정을 만드는 것은 여성의 의무'라는 인식이 깊게 깔려 있기 때문 아닐까. 그래서 죄책감을 느끼고, 나 자신으로 살 길지 않은 시간마저 가정에 쏟아붓는 것이다. 하지만 만약 혼자 전전긍긍하고 있거나 가사를 내려놓고 개인적인 시간을 보내고 싶다면 남편에게 말해 보는 것이 좋다. "요즘 회사 일이 바빠. 당신이 좀 더 신경 써서 청소해 줬으면 좋겠어." "오늘은 약속이 있으니 대신 장을 좀 봐 줘." "아이에게 힘든 일이 있나 봐. 나는 엄마로서, 당신은 아빠로서 각자 아이와 좀 더 소통하고 아이를 위로해 주면 좋을 것 같아."

막상 이야기해 보면 걱정했던 것과 다른 반응이 나올 가능성이 높다. 배우자가 정말로 당신을 아낀다면 구시대적인 잣대를 들이대며 당신의 자격을 평가하지 않을 것이기 때문이다. 오히려 당신 혼자 많은 부담을 짊어지고 있었다는 사실을 깨닫고 기꺼이 함께 나누려 할지 모른다. 부정적인 사고에 사로잡혀서 좋을 건 하나도 없다.

만일 지금 당신이 혼자 가사를 떠맡고 있거나 육아와 간병에 쫓기는 등 모든 짐을 짊어진 채 힘겨워하고 있다면 그것은 '자신의 의사를 표현해 보세요'라는 신호일지 모른다. 쉽지 않다면 처음에는 "그것 좀 집어 줄래요?", "내일은 좀 어려워" 정도로, 말하기 쉬운 범위 안에 있는 간단한 일로 시작해 보자. 일상의 사소한 일에서 출발해 '아, 내 생각을 말해도 괜찮은 거였어. 내가 느끼는 부담을 솔직히 나누면 되는 거였어!'라는 안도감을 하나씩 실감해 나갈 일이다.

용기를 내어 자신의 생각을 전해 보면
지금까지 알지 못했던 넓은 세상이 펼쳐진다.
생각을 감추지 말자.

괜한 승부욕을
버려야 할 때

"위자료로 10억을 받고 싶어요."

"다른 여자가 생겨 집을 나간 그 남자에게 죗값을 물리고 평생 괴로워하게 만들 거예요."

감정에 북받쳐 원한을 토해 내는 의뢰인들에게 내가 물어보는 말이 있다.

"재판에서 이긴다는 게 당신에게는 어떤 의미인가요? 저는 당신이 행복해지는 일이라면 얼마든지 돕겠지만 만약 당신을 힘들게 한 사람을 괴롭히려는 것뿐이라면 돕고 싶지 않아요."

가족을 비롯한 인간관계에서 법률은 누군가를 심판하

기 위해 존재하는 것이 아니라고 생각한다. 변호사 역시 상대방을 이기기 위해 싸우기보다는 의뢰인이 행복해지 도록 돕는 사람이다. 적어도 나는 그런 마음으로 법정에 서 왔다.

예전에 어떤 이혼 사건에 아내 측 대리인으로 관여한 적이 있다. 아내는 어떻게든 빨리 이혼하고 싶어 했다. 그 러나 남편은 아내에 대한 불신이 매우 커서 이렇게 말하 곤 했다.

"이제는 아내를 신뢰할 수 없어요."

어떤 제안을 해도 남편은 아내를 믿을 수 없다며 늘 거 절했다.

조정 단계에서 다음과 같은 방안이 나왔다. '아내는 남 편에게 1년 안에 위자료 전액을 지급한다. 위자료 지급 이 완료되는 동시에 이혼신고서를 제출한다.' 남편은 이 마저도 단호히 거부했다. 재판소에서 책임지고 아내에게 서 위자료를 받아 주겠다고 약속했으나 아무런 회신이 없었다. 결국은 재판관도 설득을 포기하고 말았다. 여기 서 끝내지 못하면 이혼은 성립하지 않는다. 그리고 재판 으로 넘어가면 또 몇 년간 괴로운 시간이 지속될지 모른

다. 이 사건 역시 제때 매듭짓지 못해 오랜 시간 아웅다웅
해야 했다. 모두에게 힘든 시간이었다.

　이보다 더 오래 전에는 이런 일도 있었다. 아내와 오래
불화하다 집을 나간 뒤 다른 여자를 만난 외국인 남편이
상담을 하러 왔다. 아내와 남편 사이에는 자녀가 둘 있었
고, 아내도 애인도 일본인이었다.

　"사랑이 없어졌다면 이혼해야 한다고 생각합니다."

　그는 내 눈을 똑바로 쳐다보면서 말했다. 당시만 해도
이혼하는 부부가 흔치 않던 시절이었다. 무슨 일이 있어
도 참고 견디며 이혼만은 하지 않는 게 일반적이던 시절
에 그의 발언은 매우 신선했다.

　물론 법의 관점에서 보면 그는 무책임하기 그지없는
일을 저질렀다. 세상의 시선으로 봐도 나쁜 남편이라고
손가락질받기 십상이었다. 그러나 '지금의 아내와는 도
저히 함께 살 수 없다. 하지만 위자료는 최대한 지급할
생각이고 아이들에게는 두 문화를 전해 줄 의무가 있으
니 친권을 인정받아 아버지로서의 책임은 다하고 싶다'
라는 그의 말과 태도에서 진실성과 책임감을 느낄 수 있
었다.

아내는 남편이 제시한 내용에 합의했고, 그 후 아이들은 아버지와 어머니 사이를 오가며 골고루 애정을 받았다. 만약 아내가 도덕이나 윤리를 내세워 남편을 법으로 벌하기만 원했다면 조정하는 데 시간이 오래 걸렸을 뿐 아니라 결국은 재판까지 가서 아이들이 성장할 시기에 한쪽 부모의 사랑을 받지 못하는 상황이 벌어졌을 것이다. 나는 의뢰인의 아내에게도 감사와 경의를 표했고, 사건을 잘 마무리했다. 법이란 뒤엉킨 실을 풀어 함께 행복해지는 데 필요한 도구이자 기준이라는 사실을 다시 한 번 확인했다.

인간관계에서 문제가 생겼을 때 사람들은 자신의 정당함을 주장하며 상대를 이기려 든다. 하지만 상대를 거꾸러뜨린들 내가 행복하지 않으면 무슨 소용이 있겠는가. 한순간 통쾌할지는 모르지만 그 후에는 각자 자기 앞에 주어진 삶을 살아가야 한다. 무조건 상대를 꺾어 이기려 하기보다 응어리진 마음을 풀고 자신이 행복해질 선택을 내리길 바란다.

또한 이기고 지는 데 집착하다가 자기 인생에 찾아온 재기의 기회를 놓치지 않길 바란다. 또 다른 이혼 사건을 맡았을 때 그런 일이 있었다. 바람이 나 집을 나간 남편을 절대 용서할 수 없다는 아내가 찾아왔다. 남편은 새로 사귄 여성과 결혼하고 싶어 했고, 아내에게 자신이 현재 지급할 수 있는 최대 액수인 8,000만 원을 위자료로 지급할 테니 이혼해 달라고 요구했다.

이혼 조정의 경우 재산 분할 금액은 당사자가 나름대로 예측할 수 있지만 위자료는 그렇지 않다. 하지만 대개 3,000만 원 정도거나 많으면 5,000만 원 선으로 정해지는 것이 일반적이었다. 그보다 더 큰 금액을 제시하는 경우는 거의 없었다. 그래서 나는 의뢰인에게 8,000만 원에 타협하기를 권했다. 하지만 남편을 향한 복수심에 휩싸인 아내는 1억 원을 위자료로 내놓지 않으면 이혼하지 않겠다고 막무가내로 버텼다. 그 바람에 조정은 실패로 끝나고 말았다.

결국 남편의 젊은 애인은 더 이상 기다릴 수 없다며 떠나갔다. 그러자 서둘러 이혼할 필요가 없어진 남편은 위자료를 한 푼도 지급하지 않겠다고 태도를 바꾸었다. 협상은 중단되고 말았다. 아내는 남편의 뜻대로 해 주고 싶지 않았을 뿐, 이제 와 남편과 다시 합치고 싶은 생각은

추호도 없었다. 결국 이 사건은 위자료도 받지 못하고 이혼도 하지 못한 채 이도 저도 아닌 상태로 흐지부지되고 말았다.

그때 이혼했더라면 새로운 인생을 즐겁게 살아갈 수 있었을지 모른다. 승부욕을 불태우거나 자존심을 세우거나 돈에 집착하다가 좋은 기회를 놓친다면 인생 전체를 놓고 볼 때도 큰 손해가 아닐 수 없다. 모처럼 찾아온 기회를 허무하게 날려 버리고 새로운 인생을 시작하지 못하는 사람도 많다.

물론 이혼은 괴로운 일이다. 믿었던 배우자에게 배신당하면 당연히 분노에 눈이 멀 수 있다. 하지만 오로지 상대를 무너뜨리고 싶다거나 괴롭히고 싶다는 일념에 온 정신을 빼앗겨 버리면 마음의 평정과 재기의 기회는 점점 더 멀리 달아날 뿐이다.

상대를 굴복시켜 얻은 만족감보다 중요한 것은
지혜롭게 내 인생의 행복을 지키는 일이다.
승리의 기쁨은 잠깐이지만
앞으로 살아갈 인생은 길다.

타인에게
이용당하지 않는 삶

최근 결혼 사기가 빈번히 발생하고 있다. 결혼 사기꾼은 대개 채팅 사이트나 소개팅 애플리케이션 등을 이용해 표적을 찾는 모양이다. 어떤 사기꾼은 회사를 경영하고 있다고 속이고 여성에게 접근해 돈을 펑펑 쓰면서 옷, 구두, 가방 등을 호기롭게 선물한다. 그러고는 당신과의 관계를 진지하게 생각하고 있으니 가족들과 정식으로 만나고 싶다며 결혼을 서두른다. 성의 있는 자세를 보일 뿐 아니라 실제로 가족과 함께 식사하기도 하고, 개중에는 일찌감치 반지를 준비하는 경우도 있다고 한다. 그러다 한 달쯤 지나면 "회사에 미수

금이 발생해 수습하고 있는데 월말까지 어떻게든 고비를 넘기지 않으면 안 된다"라는 둥 그럴싸한 이유를 대며 여성에게 돈을 빌려 달라고 말한다. 여성이 저축해 두었던 3,000만 원을 건네면 남자는 그 돈을 갖고 유유히 사라진다. 여성은 그제야 사기였다는 사실을 알아차리지만 이미 일은 벌어진 뒤다.

한편 가족 관계까지 망가뜨리는 사기가 있는데, 최근 몇 년 새 급격히 증가한 보이스 피싱이다. 특히 자녀나 손주를 사칭해 "사고를 당해 당장 돈이 필요하다"라며 송금을 유도하는 수법이 횡행한다. 이러한 사기는 돈을 빼앗기는 데서 그치지 않는다. 사기꾼에게 속은 사람의 자식이나 손주가 "내가 그런 식으로 돈을 마련해 달라고 할리 없지 않느냐"라며 피해자에게 화를 내 가족 관계가 어그러지는 일까지 벌어져 더욱 안타깝다.

보이스 피싱, 결혼 사기, 투자 사기 등 다양한 사기가 있다. 어떤 피해자든 당사자가 되기 전까지는 "내가 그런 일에 속을 줄 몰랐다"라고 입을 모은다. 수법이 교묘하고 사람들의 욕망, 두려움, 선의를 이용하기 때문에 생각보다 쉽게 속아 넘어간다.

변호사라도 사기를 간파하기는 어렵다. 실제로 변호사도 사기를 당한다. 심지어 재판에서 힘을 합쳐 싸운 후 갱생을 맹세한 피고인이 변호사에게 돈을 빌려 달라고 하는 경우가 있다. 차용증까지 써 주고는 갑자기 행방을 감춰 버린다. 이런 이야기를 들으면 "네? 정말요? 그런 일에 누가 속아요!"라며 놀라는 사람도 있을 것이다. 하지만 사기꾼은 대부분 남을 속이는 데 천재다. 변호사들 사이에서도 "사기 사건은 변호사도 당하는걸"이라는 말이 돌 정도다. 전문 사기꾼에게 걸리면 누구라도 꼼짝없이 당할 정도니 설령 부모나 조부모가 속아 넘어갔다고 해서 비난하는 것은 너무나도 마음 아픈 일이다.

그럴 땐 비난할 게 아니라 사기는 누구라도 당할 수 있는 일이라는 사실을 인지하고 가족끼리 머리를 맞대고 대책을 세워야 한다. 서로를 확인할 수 있도록 암호를 정해 두거나 휴대전화 번호를 바꿀 경우 반드시 알리는 등 가족 간에 규칙을 만들면 좋다.

자기 인생의 방향키를 꼭 붙잡고 누구에게도 빼앗기지 않도록, 언제든지 자신을 지킬 수 있는 지혜를 발휘하며 살아야 한다.

진짜 비극은
사기로 인해 가족의 끈마저 끊어지는 일.
자신을 지키는 지혜를 발휘하자.

공허한 관계만
남는 이유

　　　　　한 중년 남자가 밤중에 회사 건물
에 숨어들어 금품을 훔치다가 현행범으로 체포되었다.
예전부터 사무실을 털어 온 사람이었다.

"이번이 처음 아니죠? 증거도 있어요."

"아닙니다. 정말 이번이 처음이에요."

경찰관이 아무리 심문해도 그는 완강히 부인했다. 나
는 그와 눈을 맞추고 최대한 강압적인 느낌을 주지 않도
록 천천히 말했다.

"본인이 한 일을 사실대로 털어놓으세요. 거짓말해서
는 안 됩니다."

그러자 완강히 버티던 그가 잠시 주춤하는가 싶더니 무언가 떠오른 듯 놀란 표정을 지었다.

"어렸을 때 거짓말을 한 적이 있습니다. 그때 저희 어머니가 '거짓말이 도둑질의 시작이란다'라며 타이르셨어요. 어머니의 말씀이 정말 맞았네요."

결국 남자는 자신의 범행을 전부 자백했다. 아내가 보상금을 마련했고, 내가 피해 사무실을 한 군데씩 돌며 돈을 돌려주었다. 남자는 징역 2년 6개월, 집행유예 5년을 선고받았다.

"꿈만 같아요. 감사합니다."

다시 만났을 때 남자의 표정은 한껏 밝아져 있었다. 지금까지 반복해 온 거짓말을 더 이상 하지 않아도 된다는 안도감과 기쁨이 얼굴 가득 넘실댔다. 새사람으로 살아가리라는 다부진 결의도 엿보였다.

거짓말을 나타내는 한자 '허(噓)'는 '입 구(口)' 변에 '빌 허(虛)' 자를 쓴다. 사실이 아닌 말은 공허한 울림에 불과하다. 무엇보다 말하는 자신이 꺼림칙하기 마련이다. 남의 눈을 속이면서 자신의 지위를 지키고 안전을 도모한다 해도 그것이 모래 위에 세워진 위태로운 성이라는 것을 스스로가 잘 알고 있다.

"한 가지 거짓말을 한 사람은 자신이 얼마나 무거운 짐을 짊어진 것인지 좀처럼 깨닫지 못한다. 하나의 거짓말을 들키지 않고 넘기기 위해 또 다른 거짓말을 스무 번 해야 한다"라는 말이 있다. 나 역시 이 말에 완전히 공감한다.

처음에는 자신을 지키기 위해 작은 거짓말을 했을지 모르지만 결국은 그 거짓말이 눈덩이처럼 불어나 많은 것을 잃게 된다. 주위 사람에게 신뢰를 잃고, 누군가와의 인연을 잃고, 마침내 그 인생 자체가 빛을 잃게 된다. 스스로 지은 거짓말의 감옥에 갇혀 인생에 크고 무거운 짐을 짊어지게 되는 것이다.

**사소한 거짓말 하나가 만드는 '감옥'에
자신을 가둬 두지 마라.**
그것이 거짓임을 다른 누구도 아닌
당신 자신이 잘 알고 있다.

나를 성장시키는
'미성숙'의 힘

나는 60여 년 전 규슈 지방에 위치한 후쿠오카시에서 변호사 생활을 시작했다. 당시 규슈를 통틀어 여성 변호사는 내가 처음이었다. 그때는 "남자가 하는 일을 여자가 어떻게 해?", "여자가 건방지게!"라는 풍조가 남아 있는 시대였기에 나는 항상 "왜 변호사가 되었나요?"라는 질문을 받곤 했다.

나는 사회를 바로 세우고자 하는 정의감이 넘쳐서, 뭔가 드라마틱한 계기가 있어서 변호사가 된 것이 아니었다. 단지 변호사였던 아버지가 "대학에 가고 싶으면 법학부에 들어가 사법시험을 쳐라. 그것이 조건이다"라고 선

언했기 때문에 이 길로 들어섰다.

어쩌다 보니 지역의 제1호 여성 변호사가 된 나는 엄청난 중압감을 느꼈다. 변호사 경력이 충분히 쌓이기 전에는 처음 만난 의뢰인 대부분이 나를 한 번 보고는 불안한 표정을 감추지 못했다. 그럴 때면 옆에서 선배 변호사가 "이 사람은 여자지만 실력이 상당히 좋습니다"라고 한마디를 덧붙여 주곤 했다.

나는 온통 남자뿐인 세계에서 지지 않으려고 이 악물고 경쟁했다. 대선배 변호사에게 "어디 어린 계집애가!"라는 듯한 대우를 받고 혼자 속을 끓인 적도 있다. 이곳은 실력의 세계다. 힘들 때도 많지만 의뢰인의 신뢰에 부응하겠다는 마음이 항상 나를 움직이는 원동력이 되어 주었다.

지금까지 60년이 넘는 세월을 변호사로 살아오면서 뒤돌아볼 틈 없이 앞만 보고 달려온 느낌이다. 그러나 막 변호사가 되었을 무렵에는 '과연 내가 할 수 있을까'라는 불안과 '내가 이 정도밖에 안 되나'라는 자괴감에 휩싸이기 일쑤였다. 의뢰인의 기대에 부응하지 못했을 때는 부끄러워 어쩔 줄 몰랐다. 당시 나를 사로잡았던 여러 감정이 지금까지도 사라지지 않고 마음속 깊은 곳에 남아 있다.

나는 일본 전통 가무극인 노가쿠能楽를 50년 남짓 취미로 배우고 있다. 지금은 허리를 다쳐서 춤은 포기하고 의자에 앉아 노래만 부르는 정도지만, 연습장에 한 발을 들이면 지금도 등이 쫙 펴지는 듯하다.

노가쿠의 대가 제아미世阿弥는 노가쿠 이론을 정리한 저서 『후시카덴風姿花傳』에서 초심을 잊지 말라고 강조한다. '초심'은 어떤 일을 시작할 때의 마음과 의지를 의미하는데, 제아미가 말한 초심의 참뜻은 처음 일에 임하는 미경험 상태, 미숙함 그 자체를 가리킨다. 즉 초심으로 돌아가라는 말은 미숙한 자신으로 돌아가라는 의미이며, 항상 자신의 부족함을 잊지 말고 눈앞에 놓인 일에 정진하라는 깊은 뜻을 담고 있다.

병아리 변호사 시절에 느꼈던 통한의 감정이 가슴속에 아직 살아 있기에 내가 지금도 이렇게 변호사로서 의뢰인에게 도움을 주고자 재판소를 오가고 있는지 모른다. 언제부터인가 그런 생각이 든다.

같은 책에서 제아미는 다음과 같이 말한다.

화려한 꽃을 진정한 꽃으로 여기는 마음이

진실한 꽃에서 점점 멀어지게 하는 마음이로다

사람은 대개 화려한 꽃에 혹해

꽃이 언젠가는 시든다는 것을 알지 못하니

'화려한 꽃'은 젊고 발랄한 생명이 자연히 피우는 꽃을 말한다. 잠시 피는 한때의 꽃에 우쭐하면 '진실한 꽃'에서 멀어진다. 인생 또한 이와 같기에, 언제나 가슴속에 간직하고 싶은 말이다. 변호사로서 만족할 만한 성과를 내더라도 결코 자만해서는 안 된다고 늘 마음에 새기고 있다. 의뢰받은 일을 해결하고 나면 다시 새로운 각오로 그다음 의뢰인의 일에 최선을 다한다. 그때마다 나를 겸허하고 진지한 자세로 다잡아 주는 것은 인생이 미성숙하던 시기에 느꼈던 불안과 초조함이다.

한때의 화려한 꽃에 자만하지 말자. 세월이 지나 내게 경각심을 일깨워 주던 존재가 사라졌을 때 다른 무엇보다 내 안에 줄곧 자리 잡고 있던 '미성숙함에 대한 자각'이 나를 흔들리지 않도록 지탱해 주었다. 그 사실을 시간이 흐른 지금에서야 깨닫는다.

'한때 잠시 피는 꽃'으로 오만해지는 사람은
일생에 걸쳐 피우는 '진정한 꽃'에서 멀어질 뿐이다.
미숙함을 자각하는 마음이야말로
자신을 성장케 한다.

마음 편히
머물 수 있는 곳

젊었을 때 나는 재판에서 원하는 결과를 얻고 의뢰인과 기쁨을 나눌 때 큰 만족감을 느꼈다. 하지만 커다란 중압감과 고독감에 깔려 찌부러질 것처럼 힘든 때도 많았다. 사람 사이의 분쟁에 관여하는 이 일이 과연 내게 맞는가 하는 자문자답을 되풀이하곤 했다. 의뢰인의 심정을 헤아려 더 좋은 해결책을 제시하고 그의 인생을 뒷받침해 줘야 한다는 책임감에 짓눌리다 못해 '변호사가 되고 싶어서 된 게 아니야!'라고 외치며 도망치고만 싶은 순간도 있었다.

이처럼 힘든 고비마다 나를 지탱해 준 것이 일본의 전

통 가무극인 노가쿠였다.

"오늘 춤 연습이 있는데 오시지 않겠어요? 춤을 연습하다 보면 담력이 생겨서 법정에서도 크고 자신 있는 목소리로 말할 수 있답니다."

서른 살 때, 후쿠오카 지방재판소의 아베 쇼조安倍正三 재판관에게서 전화를 받았다. 아마도 자신감 없는 태도로 법정에 선 내 모습을 본 모양이었다. 나는 권유받은 대로 노가쿠 연습 장소에 갔다.

그 무렵 아베 재판관은 지방재판소의 다다미방에서 연수생들에게 직접 노가쿠 노래를 가르치고 있었다. 일을 할 때도 인간미 넘치는 재판관이라 내심 존경하고 있었기에 나는 발이 저려도 내색하지 않고 노가쿠를 배웠다. 그리고 그때 배운 것을 지금까지 쭉 해 오고 있다.

노가쿠를 배우고 춤을 추면서 나는 내면 깊숙한 곳에서 올라오는 만족을 느꼈고, 점차 일에서 받는 스트레스를 잊고 마음의 평온을 찾아갔다. 나 자신을 위한 소중한 시간이었다. 더불어 신문 등에 집필할 기회가 생겨 때마다 내 생각을 표현한 덕분에 나는 일상에서 한 발 물러나 일과 나 자신을 더욱 넓게, 객관적으로 바라볼 수 있었다.

변호사라는 직업, 아내이자 엄마라는 역할, 노가쿠와 집필같이 좋아서 한 일까지, 내가 속한 모든 자리가 지금껏 나를 지탱해 주었다는 사실을 온몸으로 느낀다. 아이들을 키우는 일이 일단락되고 생활이 안정을 찾으면서 나는 내 나름대로 자연스러운 삶을 살 수 있게 되었다. 그때가 마흔다섯 살쯤이었다. 변호사가 되길 잘했다고 생각하기 시작한 것도 바로 이 무렵이었다.

나는 나를 찾아오는 의뢰인들에게 일 이외의 취미를 가지라고 권한다. 취미는 편한 마음으로 머물 수 있는 자리이며, 그 자리가 많으면 많을수록 시야가 넓어진다. 간혹 가정이나 직장에서 힘든 일이 생겨도 취미에 몰두하는 시간과 거기서 맺은 인간관계가 자신을 지탱해 준다. 또한 취미를 지속해 나가면 실력이 부쩍부쩍 늘고, 일로 연결되기도 하며, 새로운 우정을 키워 주어 인생에 참으로 큰 재산이 된다.

언제든 좋다. 60세에 취미 활동을 시작해도 건강하게 오래 살며 그 일을 이어 가면 어느 순간 10년, 20년, 30년 계속하고 있는 자기 모습을 발견할 것이다. 몇 살이 되든 자신이 있을 자리는 스스로 결정하고 만들 수 있다.

어떤 일이든지
시작하기에 늦은 때란 없다.
마음 둘 자리를 찾자.
내가 있을 자리는 내가 결정한다.

하루하루의 선택이 쌓여
'내'가 된다

"여자도 공부해야 한다."

상급 학교에 진학하는 여성이 드물던 시절에 아버지
는 자주 이렇게 말씀하셨다. 전쟁이 한창일 무렵 나는 상
하이에 있던 본가를 떠나 도쿄로 와 전문학교 국어과에
입학했다. 이듬해 4월, 미군의 공습을 받아 도쿄에 있는
학교 건물이며 기숙사가 불타 없어지는 바람에 상하이로
돌아갔다. 전쟁이 끝난 후 구마모토에 있는 본가로 와서
1년간 휴학하고 복학했다. 그런데 졸업이 가까워 오자
대학에 진학해 공부를 더 하고 싶어졌다. 변호사이던 아
버지에게 대학에 진학하고 싶다는 뜻을 전하자 "법학부

에 들어가서 변호사나 재판관이 될 거라면 대학에 가도 좋다"라는 대답이 돌아왔다.

국문학을 공부하던 내가 법학부에 진학하는 건 어림없는 일이라고 생각했지만 운 좋게 주오中央대학 법학부에 합격해 다시 도쿄로 왔다. 당시 내 눈에는 도쿄에서 공부하는 일 자체가 멋있어 보였다. 하지만 막상 대학에 들어가 법률을 공부해 보니 예상보다 훨씬 힘들었다.

당시만 해도 변호사를 지원하는 여성이 많지 않았다. 대학교 2학년 때 학교 내에 있는 사법시험 연구실에 들어가기 위해 시험을 봤고, 당당히 합격했다. 하지만 여학생이 들어오면 정신이 산만해진다는 이유로 남학생들이 내가 입실하는 걸 반대했다. 입실 시험에 합격한 이상 여자라는 이유로 거부할 수 없다는 시험관의 판단으로 겨우 입실은 했지만 이후에도 사법시험 공부를 따라가기가 그리 녹록지 않았다. 어중간하게 공부해서는 결코 사법시험에 붙을 수 없었다. 숨이 막힐 듯 답답할 때면 산책을 하거나 단가短歌를 짓기도 했다.

대학을 졸업하고 구마모토로 돌아갔다. 그곳에서 사법시험을 목표로 아버지에게 엄격한 특훈을 받았다. 매일 열 시간씩 책상 앞에 앉아 공부하는 나날이 계속되었다.

"공부만 하면 합격할 수 있다. 그리고 시험 볼 때의 요령만 좀 익히면 돼."

아버지는 이렇게 강조하셨지만 나는 내심 '문학을 좋아하는 머리로 사법시험에 붙을 리 없다'는 저항감을 갖고 있었다.

어릴 때부터 나는 지기 싫어하는 성격이었다. 그래서 누가 시키지 않아도 스스로 공부하는 편이었는데 아버지가 그 점을 꿰뚫고 있었던 게 분명하다. 내가 아무리 반발해도 눈 하나 깜짝하지 않으셨고, 아무리 힘들어해도 인정사정 봐주지 않았다.

아버지께 개인 지도를 받은 후에는 사법연수생에게 과외를 받았고, 졸업 후 2년 만에 간신히 필기시험에 합격했다. 그리고 다음 해에 구술시험까지 통과했다.

만일 내가 변호사가 아닌 다른 길을 택했어도 끝까지 잘 해냈을지 어떨지는 알 수 없다. 다만 지난날을 되돌아보니 아버지의 강요로 마지못해 걸어왔다고 생각했던 길도 결국은 나 자신이 선택한 것이었다.

내가 변호를 맡은 의뢰인 중에서도 힘든 상황을 극복

하고 마침내 행복을 손에 넣은 이들은 하나같이 '이것이 나의 인생'이라고 인정하며 자신의 삶을 있는 그대로 받아들인 채 앞을 향해 나아간 사람들이었다.

이혼이나 유산 상속에 관해 상담을 하다 보면 많은 사람이 "앞으로 어떻게 해야 할지 모르겠다"라거나 "예전에는 화목했던 가족이 이렇게 서로 다투게 될 줄은 꿈에도 몰랐다"라면서 괴로워한다. 그러나 몇 년 후에 다시 만나면 "덕분에 지금 매우 행복하게 지내고 있어요"라고 말하며 환하게 웃는다. 그들의 표정에는 자긍심이 가득 차 있다. 그런 순간마다 변호사가 되길 참 잘했다는 생각이 든다.

인생에서 힘든 시기를 보내고 있거나 일이 잘 풀리지 않아 괴로울 때면 "이게 아닌데!"라고 외치며 외면하고 싶어진다. 하지만 다른 사람 탓을 해 봐도 결국은 자신이 걸어온 길이다. 중요한 것은 지금 있는 장소에 단단히 발을 딛고 똑바로 서서 앞을 향해 나아가는 일이다. 그리고 이제부터 걸어갈 길을 자신의 의지로 선택해야 한다.

성경을 보면 "한 일, 즉 뒤에 있는 것은 잊어버리고 앞에 있는 것을 잡으려고 푯대를 향하여 (중략) 달려가노라

(『빌립보서』3장 13-14절)"라는 구절이 있다. 이는 사도 바울이 자신이 걸어온 길을 되돌아보며 하는 말이다. 바울은 최고의 교육을 받은 데 대한 자부심이 높은 유대인이었다. 자신이 아는 것이 진리이고 그것에 맞춰 사는 삶이 옳다고 믿었다. 그러나 이후에 예수 그리스도의 제자가 되어 인생의 새로운 가치를 찾게 된 그는 과거의 영광을 '지난 일'로 '잊고' 뒤돌아보지 않은 채 목표를 향해 매진해 기쁨과 사랑, 구원이라는 보물을 손에 넣는다.

인생을 살아가면서 맞닥뜨리는 괴로운 일, 가족이나 반려자 혹은 다양한 사람과 겪는 관계의 문제를 해결할 실마리는 과거에 있지 않다. 과거의 영광에 매달린다 한들 미래는 달라지지 않는다. 답은 오직 '지금 어떻게 하느냐'에 달려 있다. 현재를 살아가다 보면 과거에 걸어온 길 그리고 앞으로 걸어갈 길이 빛나 보이는 순간이 반드시 찾아올 것이다.

'그때 이렇게 할 걸'이라고 후회하지 말자. 과거에 얽매여 있는 한 새로운 길을 선택하기 어렵다.

'이 길은 내가 선택한 길'이라고 생각할 때
지금까지 걸어온 인생이 빛날 것이다.
끝내 목적지에 다다를 수 있다면
어디를 지난다 해도 잘못된 길이 아니다.

2
장

타인과 마주 보는 거리.

서로의 영역을
존중하는 법

　　　　　　부부 사이에도 친구 사이에도 서로 존중하고 지켜야 할 경계선이 있다. 그 선을 넘어 상대방의 영역에 발을 들이밀면 대부분의 경우 다툴 일이 생기거나 관계가 삐걱거린다. 그럴 때마다 나는 "상대의 부엌에는 들어가는 게 아니에요"라고 조언한다.

　생활공간 중에서도 물을 사용하는 곳, 즉 부엌과 욕실, 화장실은 남에게 잘 보여 주지 않는다. 그중에서도 특히 부엌을 어떻게 사용하는지 들여다보면 그 사람의 성격을 알 수 있다. 사람마다 자라난 가정의 생활 방식이 또렷이 드러나는 곳이기 때문이다. 이를테면 냄비 밑바닥을 닦지 않는 며느리와 그런 며느리를 못마땅해하는 시어머니가 있다고 하자. 냄비 바닥까지 반짝반짝하게 닦아야 청결하고 기분이 좋다는 시어머니와 굳이 바닥까지 닦지 않아도 별문제 없다고 생각하는 며느리 사이에는 불협화음이 생길 것이다.

사람은 대부분 자기 생각이 옳다고 믿는다. 상대의 방법이 마음에 들지 않으면 '내 방법이 맞다'라고 주장하며 자신의 방식대로 상대를 바꾸려 한다. 하지만 이것만큼 쓸모없는 분쟁이 또 없다. 옳고 그름이나 상식은 세대 또는 자라난 환경에 따라 달라지기 때문에 정답이 없다. 다만 사람마다 옳다고 믿는 기준이 다르고 각자의 가치관이 있을 뿐이다. 나만 옳다고 밀어붙이거나 상대의 사고와 행동을 기어코 바꾸려 한다면 당연히 마찰이 생길 수밖에 없다.

그럴 때 '아, 이 사람은 나와 달리 냄비 바닥을 닦는(혹은 닦지 않는)구나'라는 사실을 받아들이기만 해도 상황은 크게 달라진다. '이 사람은 이런 사람이니까 냄비 바닥은 내가 설거지할 때만 닦으면 되지 뭐' 또는 '내가 닦지 않는 냄비 바닥을 닦아 주니 얼마나 고마운 일이야'라고 생각하면 그만이다. 상대는 상대, 나는 나일 뿐이다.

이렇게 거리를 두면 문제를 인식하는 관점이 바뀐다. 그리고 관점이 바뀌면 신기한 일이 벌어진다. 지금껏 아주 크고 중요하게 느껴졌던 일들이 그다지 심각한 문제가 아니었다는 사실을 깨닫게 되는 것이다. '어라? 그동안 왜 그렇게 냄비 바닥에 집착해 왔지?'라고 말이다. 그러고는 '자, 냄비 바닥을 물로 닦는 정도라면 나도 한번 해 볼까?'라며 내 방식을 조금 바꿔 볼 마음이 생길지도 모른다.

자신의 사고나 가치관을 처음부터 부정당하면 누구라도 유연하게 대처하지 못하는 법이다. 그렇기에 특히나 서로를 이해하고 받아들일 수 있는 적당한 거리가 중요하다.

아무리 친한 사이라도 적당한 거리가 필요하다.
그 거리가 관계를 원만하게 한다.
상대의 가치관을 함부로 짓밟지는 않았나요?

인내의 끝은
또 다른 인내

나는 사법시험에 합격하고 그 이
듬해에 결혼했다. 남편은 나중에 대학에서 교편을 잡았
지만 당시에는 가난한 대학원생이었기에 반지 하나로 결
혼 예물을 대신했다. 나는 노가쿠 연습을 하거나 관련 모
임을 가질 때 외에는 반지를 손가락에서 빼는 일이 없었
다. 그런데 결혼한 지 44년째 되던 해에 그만 반지를 잃
어버리고 말았다. 항상 몸에 지니고 있던 물건이 없어지
니 마치 몸의 일부가 사라진 것처럼 허전했다. 좀처럼 미
련이 가시지 않아 왼손 약지를 만지작거리곤 했다. 그 모
습을 본 남편이 "내가 다시 사 주리다"라고 말해 주었다.

그 말을 들으니 금세 기운이 났다.

남편이 77세 되던 해에 대학교 제자들이 희수연喜寿宴을 열어 주었다. 나는 행사 준비를 맡은 제자에게 "그 축하연에서 두 번째 결혼반지를 받고 싶다"라고 말했다. 희수연 당일 아침에 남편은 은회색 정장을, 나는 얇은 천으로 만들어진 롱드레스를 입고 집을 나섰다. 그리운 제자들이 전국 각지에서 서른 명 넘게 와 주었다. 모두 학생일 때 우리 집에 자주 찾아와 함께 먹고 마시던 이들이었다. 모이고 보니 신기하게도 다들 그 시절의 얼굴로 돌아간 듯했다. 남편도 젊어 보였다.

축하연이 한창일 때 결혼반지 수여식을 가졌다. 마침 목사가 된 제자가 있어 의식을 주재했다. 제자의 요청으로 남편은 그 자리에서 아내를 향한 영원한 사랑을 맹세해야 하는 처지가 되었다. 내가 입 맞추는 시늉을 하자 평소에 늘 점잖던 남편이 무척 수줍어하는 바람에 회장이 웃음바다가 되었다. 오랜만에 청춘 시절로, 모두 함께였던 소중한 그 시절로 돌아간 듯했다.

이혼 상담을 받으러 찾아오는 사람들에게 배우자의 일과 관련된 사람을 대하는 것이 고통스러웠다는 이야

기를 꽤 자주 듣는다. 함께 사는 사람끼리는 상대의 인간
관계를 공유하려는 노력이 필요하다. 무조건 싫어하거나
거부하지 말고 같이 즐겨 보면 또 다른 세계를 만나거나
배우자의 좋은 면을 발견할 수 있다.

그러나 그런 노력조차 하고 싶지 않다면 이미 인간적
인 애정을 회복할 여지마저 잃어버린 것이다. 또는 그가
당신을 신체적, 정신적으로 힘들게 해 노력할 가치를 못
느낄 수도 있다. 상대로 인해 내 인생이 고통스럽다고 판
단된다면 빨리 이혼하는 편이 좋을 수도 있다. 그동안 많
은 이혼 사례를 봐 오면서 인내의 끝에 행복은 없다는 사
실을 절실히 깨달았기 때문이다.

남편과 아내, 자녀가 하는 일을 내 일처럼 함께 즐기고
그들이 느끼는 기쁨과 감동, 괴로움과 후회를 공유할 수
있다면 분명 기쁨은 배가 되고 슬픔은 반이 될 것이다. 하
지만 노력해도 불가능하다면 이별을 선택하거나 새롭게
출발하기를 두려워하지 말자. 당신은 당신, 나는 나, 이렇
게 서로의 인생을 존중하고 거리를 두자. 무엇보다 내 인
생을 스스로 결정해 나아가겠다는 의식을 단단히 갖추길
바란다.

인내의 끝에 기다리고 있는 것은 또 다른 인내.
나만 참으면 돼,
혹시 이렇게 생각하고 있진 않나요?

부모도 자식도
각자의 인생이 있다

요즘은 자기중심적이고 불합리한 요구를 관철하는 부모, 그런 부모가 없으면 혼자선 아무 것도 결정하지 못하는 자식이 계속 늘어나고 있다. 오죽 하면 학교에 비상식적인 요구를 하는 '몬스터 페어런츠monster parents'나 20-30대가 되어서도 독립하지 않고 부모에게 의존하는 '패러사이트 싱글Parasite single'이라는 말이 생겨났겠는가.

과거에는 대부분 아이를 잇달아 낳고 키우느라 자녀 한 명 한 명에게 관심을 쏟을 수 없었다. 그래서 아이들은 육체적으로 성장하는 동시에 정신적으로도 어른이 되었고 일찌감치 부모의 품을 떠나 자립하는 과정을 겪었다. 시간이 지나면서 한 가정에서 두세 명의 자녀를 출산해 금이야 옥이야 키우는 시대가 되었다. 저출산 고령화 시대로 접어든 요즘은 자식을 하나만 낳아 모든 지원을 아끼지 않고 쏟아부으며 양육하는 추세로 바뀌고 있다. 그러다 보니 부모에게 지나치게 의존하는 자식은 물론 자녀에게서 정신적으로 자립하지 못하는 부모 또한 늘고 있다.

심지어 이혼 상담 자리에 따라 나와 자식의 인생을 좌지우지하려는 부모도 자주 볼 수 있다. 물론 이혼이라는 어렵고 고단한 문제에 맞닥뜨린 자식에게 부모가 힘이 되어 주고 싶다는 마음, 힘든 문제를 함께 극복하기 위해 애쓰는 마음이라면 고맙고 아름답다. 하지만 마치 다 큰 자식을 초등학생처럼 싸고도는 형국이랄까.

어떤 이혼 상담 때에는 이런 일도 있었다.

"저는 딸아이를 완벽하게 키웠어요. 그러니 우리 아이가 잘못했을 리 없습니다."

어머니는 내게 이렇게 강조하더니 딸을 돌아보며 말했다.

"너는 엄마가 하라는 대로만 하면 돼."

나는 할 말을 잃고 말았다. 어머니가 몇 마디 더 하는 동안 가만히 참고 기다리다가, 이야기가 끝난 후 눈을 딱 감고 어머니가 아닌 딸에게 말했다.

"따님도 부부 사이가 여기까지 이른 원인을 곰곰이 생각해 보면 어떨까요? 성격이 잘 맞지 않았다면 아무리 어머니가 가르치신 대로 완벽히 했다 해도 소용없었을 거라고 생각해요."

딸은 움찔한 듯한 표정을 짓더니 "생각해 보겠습니다"라고 말했다. 돌아가는 딸의 뒷모습을 보며 나는 자못 안심했다.

부모에게 자식은 언제까지나 어린아이다. 나도 딸과 아들을 키운 부모이기에 그 심정을 누구보다 잘 안다. 하지만 사회적으로는 스무 살이 넘으면 성인이다. 성인이라면 자신이 한 일은 스스로 책임져야 한다. 물론 자식이 병약하거나 피치 못할 사정이 있어 부모에게 경제적으로 도움받을 수밖에 없는 경우도 있다. 반대로 자식이 부모의 노후를 돌봐 드리기도 한다. 이처럼 서로 돕고 배려하며 살아가는 일은 중요하다.

그러나 자녀의 인생은 자녀의 것이다. 특히 부부 사이의 일에 관해서라면 부모 자식 관계라 해도 엄연히 지켜야 할 선이 있다. 부모 자식 간이든 부부간이든 서로가 서로를 한 사람의 성인으로 대해야 한다. 이것이야말로 지금 시대에 꼭 필요한 가족 간의 거리다.

자신이 낳았을지라도
자녀의 인생은 내 것이 아닌 그들 것이다.
부모도 자식도 상대를 한 사람의 인간으로
보아야 한다.

'옳은 말'이
상처를 주는 이유

시인 요시노 히로시吉野弘가 쓴 축혼가가 있다. 부부가 금실 좋게 살아가는 비결을 담고 있는 시로, 인생을 살아가는 데 꼭 필요한 지침 같아 내가 무척 좋아한다. 그중에서도 가장 마음에 드는 구절이 바로 이것이다.

옳은 말을 할 때는

약간 조심스럽게 하는 것이 좋다

옳은 말일수록

상대에게 상처 주기 쉽다는 사실을 잊지 말아야 한다

사람들은 대부분 기대를 갖고 법률 상담을 받으러 온다. 변호사가 법률을 토대로 '옳은 일'과 '옳지 않은 일'을 명확하게 구분해 주고 소송에서 누가 이기고 질지를 정확히 판단해 주리라 생각하는 것 같다.

하지만 아무리 옳음을 추구한다 해도 인간관계가 빚어내는 수많은 갈등을 다 해결하지는 못한다. 사람의 마음이 느끼는 '옳음'은 사람 수만큼 존재한다. '진실' 또한 옳고 그름을 가름하는 잣대에 따라 각자 다르게 받아들인다. 히로시가 시에서 '옳은 말이 상대에게 상처 주기 쉽다'라고 쓴 이유도 나의 옳음이 상대에게는 전혀 다른 모양으로 가닿을 수 있기 때문일 테다.

결혼 전에 모아 둔 목돈을 아내에게 비밀로 한 남편이 있었다. 법적으로 결혼 전의 재산은 개인소유이므로 배우자에게 말하지 않아도 아무런 문제가 되지 않는다. 하지만 "제게 무언가를 숨겼다는 사실을 용서할 수가 없어요. 신뢰받지 못하는 기분이거든요"라고 말하는 아내의 입장에서 보면 남편은 옳지 않은 일을 한 셈이다.

설령 분명히 내가 옳고 상대가 틀린 경우라 하더라도 상대를 책망하고 규탄하는 행동은 문제 해결에 아무런 도움이 되지 않는다. 사물을 인식하는 방법은 그야말로 천차만별이다. 부부간이든 부모 자식 간이든 이 사실을 마음에 새겨 두면 인간관계가 조금은 말랑해질 것이다.

옳은 것만 추구하면
오히려 '해결'에서 멀어질 수 있다.
세상에 완벽하게 '옳은 일'이란 존재하지 않는다.

남 이야기를 하고 싶어
입이 근질거릴 때

예전에는 친구나 친척끼리 모이면 종종 '말 전하기 게임'을 하며 놀았다. 이 사람에게서 저 사람에게로 말이 건너갈수록 뜻이 엉뚱하게 달라지는 모양이 우습고 재밌다. 그런데 이 게임과 같은 일이 실제 사회에서도 심심찮게 일어나고 있다.

"들었어? K씨 부부 결국 이혼했대!"

한 친구가 내게 말했다.

"누구한테 들었어?"라고 내가 묻자 "A씨한테 들었어"라고 대답했다.

"그럼 A씨는 누구한테 들은 거지?"

내 질문에 친구가 "B씨한테 들은 거 아닐까?"라고 애매한 말을 덧붙였다.

나는 K씨 부인과 친해서 그들 부부 사이가 무척 좋다는 사실을 잘 알고 있다. 친구와 이야기하기 일주일 전에도 K씨 부부를 만났기에 이혼은 말도 안 된다는 사실 또한 알고 있었다. 부인이 일 때문에 출장이 잦을 뿐이었다. 추측건대 누군가 "부인이 자주 집을 비우고 다니니 남편이 불쌍하다"라는 식으로 말했고, 이 말이 이 사람 저 사람의 입을 거쳐 전해지면서 "나라면 이혼했을 거야"라는 감상이 더해져 마침내 "이혼한 것 같던데?"로 탈바꿈했을 것이다.

심지어 어떤 사람은 C씨네 할머니가 돌아가셨다는 말을 듣고 조의금을 챙겨 문상을 갔는데 그 할머니가 문을 열고 나오시는 바람에 소스라치게 놀랐다고 한다. 사실은 할머니가 키우던 귀여운 고양이가 죽었던 것이다.

사람의 전언만큼 그 뜻이 제대로 전해지지 않는 것도 없다. 이런 일이 비일비재하기 때문에 형사재판에서는 남에게 들은 내용을 전하는 증언을 '전문증거'라 부르며 원칙적으로 신용하기 어렵다고 판단한다.

평상시에도 "말했다", "안 했다"라며 서로 다른 말을 하는 경우가 종종 생긴다. 잘못 말하거나 잘못 들은 게 아니라 말을 꺼낸 사람이 처음부터 악의를 품고 거짓말하는 것이라면 아무 근거 없이 내가 악인으로 몰릴 수도 있다. 그러므로 남에게 들은 이야기는 그냥 듣고 흘려버리는 정도가 딱 좋다. 다른 사람에 관한 소문에 관심 갖지 말고 그 사람이 '자기 자신에 관해 무엇을 이야기하는지'에 주목하는 게 더 바람직하다.

나는 우리 아이들이 유치원에 다닐 때 그곳에서 만난 엄마들과 50년 가까이 흐른 지금까지도 1년에 두 번 정도 모임을 갖는다. 이 모임을 시작했을 무렵 엄마들에게 한 가지 제안을 했다.

"앞으로 이 자리에서는 아이들 말고 우리 자신에 관해 이야기하기로 해요."

자식이나 남편 자랑, 누가 어떻다느니 하는 이야기가 아니라 우리 자신을 대화의 주제로 삼기로 약속한 것이다.

다른 사람에 관해 이야기하고 싶어 입이 근질거릴 땐 당신 자신이 지금 무엇을 하고 있으며, 무엇을 느끼고 있는지에 관심을 집중하라. 함께 기뻐하고 서로 위로하는 마음 편한 자리는 다른 사람을 화제로 이야기꽃을 피우는 곳에선 찾을 수 없다.

당신 자신을 받아들여 주는 자리가
바로 당신이 있어야 할 곳이다.
나에 관해 이야기할 수 있는
편안한 자리가 있나요?

의지할 때 하더라도
기품 있고 당당하게

2016년 일본에서는 100세 이상 고령자가 6만 5,000명을 넘어섰다고 한다. 이런 추세에 발맞춰 간병 서비스를 받을 수 있는 사회보험제도와 24시간 홈헬퍼 서비스가 생겨나면서 예전과 비교할 수 없을 정도로 간병의 질이 높아지고 서비스가 좋아졌다.

예전에는 의사와 간호사가 나쁜 생활 습관을 고치지 않는 환자에게 이렇게 말했다.

"그러다간 질병에 걸려 죽을 수도 있어요."

하지만 요즘엔 이렇게 말한다고 한다.

"질병에 걸리면 아무리 괴로워도 죽을 수 없어요."

현립 고등학교 교장을 지냈던 T씨는 50년간 함께 살아온 아내를 먼저 떠나보냈다. 당시 78세였던 T씨는 건강하고 자립심이 강한 데다 유연한 사고를 가진 분이었다. 딸과 아들이 아버지에게 함께 살자고 제안했지만 고향을 떠나고 싶지 않았던 T씨는 혼자 사는 삶을 선택했다. 그러면서 남은 생을 살아가며 지킬 네 가지 기본 원칙을 정했다.

1. 죽은 아내를 정성스럽게 공양하고 싶다

이 토지와 집은 우리 두 사람의 생명과 같은 곳이다. 그러니 가능한 한 그대로 두고, 이곳에서 아내를 추모하며 계속 공양하고 싶다.

2. 생활을 복잡하게 만들어 쓸데없이 몸과 마음을 소모하고 싶지 않다

혼자 사는 것은 견딜 수 있다. 자식들과 같이 살면 오히려 갈등이 생겨 서로 불편해질 가능성이 높다. 그러면 몸과 마음이 지치기만 할 뿐 조금도 도움이 되지 않는다.

3. 삶의 보람을 느끼고 싶다

삶의 보람을 잃으면 죽은 것이나 다름없다. 자식들이 잘 사는 것, 계절마다 집 텃밭에서 작물을 키워 자식들에게 보내는 것, 자원봉사로 판화를 가르치는 것 등이 내 삶의 보람이다.

4. 건강을 유지하고 싶다

약한 위장을 잘 관리해서 건강을 유지할 것. 매일 잡초를 뽑고 밭을 갈고 텃밭을 가꾸는 것이 가장 좋은 운동이다.

이 원칙을 정하고 10년이 지난 후 T씨를 다시 만났다. 그는 여전히 정정하고 정갈했다. 그 모습을 보고 시인 새뮤얼 울먼Samuel Ullman이 쓴 「청춘」이라는 시의 한 구절이 떠올랐다.

청춘이란 인생의 어떤 한 시기가 아니라

마음가짐을 뜻한다

(중략)

나이가 든다고 늙는 것이 아니라

이상을 잃을 때 비로소 늙는다

세월은 피부에 주름을 더해 가지만

열정을 잃으면 마음에 주름이 진다

"혼자 즐겁게 살고 있어요."

소탈하면서도 밝고, 당당하고, 품위 있는 그의 모습을 보고 나는 무척 감명받았다.

나는 오랜 세월 이혼 문제를 다뤄 오면서 의뢰인들에게 '세 가지 자립'을 강조했다. '정신적인 자립', '경제적인 자립', '사회적인 자립'이다. 하지만 나이가 들면 이러한 자립을 할 수 없는 경우가 생긴다. 인생의 후반기에 들어서면 지금까지와는 다른 자립이 필요해진다. 그것은 바로 네 번째 자립으로 '자신이 할 수 있는 일은 스스로 하고, 할 수 없는 일은 다른 사람에게 부탁하는 것'이다.

타인의 손을 빌리지 않고는 할 수 없는 일, 혼자 하기 불안한 일은 다른 사람에게 적극적으로 도움을 요청하고 고마움을 표현하자. 물론 아직 자신이 할 수 있는 일은 남에게 기대지 말고 직접, 조금이라도 스스로 하려고 애쓰는 것이 좋다. 그러려면 자신이 무엇을 할 수 있고 무엇을 할 수 없는지 알아야 한다. 나이를 먹으면 당연히 간호를 받고 도움을 받아야 한다고 생각할 게 아니라 도움을 받으면서도 자신이 스스로 할 수 있는 일이 무엇인지를 항상 찾아야 한다는 말이다.

누군가에게 도움받는 일을 당연하게 여기면 기대한 대로 도움받지 못했을 때 불만이 생기고 노여움이 일어 고통스럽다. 사람은 혼자라는 사실을 명심한다면 어떤 경우에도 선을 넘지 않고 적당한 거리를 유지하며 살아갈 수 있을 것이다. 그래야 타인과 관계 맺는 일을 소중히 여기고, 인간관계에 애정을 쏟을 수 있다. 누군가 내게 무언가를 해 주면 순수하게 감사하는 마음으로 받아들이자. 나 또한 이런 마음가짐을 지닌 채 남은 인생을 살아가고 싶다.

남에게 도움받을 일과 자신이 할 수 있는 일,
그 경계를 스스로 찾아내는 자립.
그것이 기품 있게 나이 드는 길이다.

외로워도 슬퍼도
혼자가 아니다

남편의 폭언을 견디다 못해 아이를 데리고 집을 나온 젊은 부인이 있었다. 친정으로 돌아간 지 2년이 지났지만 남편은 이혼에 응해 주지 않았다.

"제멋대로 집을 나갔으니 생활비는 주지 않겠다. 이혼할 이유도 없다."

아내는 강경하게 버티는 남편 때문에 오도 가도 못 하고, 불안한 마음에 잠을 이룰 수 없다며 괴로운 심경을 토로했다. 그리고 이렇게 말했다.

"이젠 죽고 싶다는 생각까지 들어요."

당사자들끼리 이야기가 잘 되지 않아 변호사를 찾아

온 것이겠지만 이런 상담을 할 때면 내 마음도 한없이 무거워진다. 지금은 별거 기간이 길면 이혼을 인정하는 시대가 되었다. 그럼에도 한쪽이 대화조차 거부하면 해결하는 데 시간이 오래 걸린다.

"생활비도 이혼도 법적으로 청구하는 방법이 있으니 포기하지 말아요. 부모와 아이가 당신을 '살게' 하는 존재라는 사실을 절대로 잊으면 안 됩니다."

나는 그녀에게 이렇게 당부했다.

아무리 고독한 상황에 처했다 하더라도 우리는 결코 혼자 살아가는 게 아니다. 이렇게 말하면 "아니요, 저는 줄곧 혼자 힘으로 살아온걸요"라고 말하는 사람이 있을지 모르지만 그건 사실이 아니다. 내가 이 세상에 존재하는 건 분명히 부모, 조부모, 증조부모 그리고 그 선조라는 존재가 있기 때문 아닌가.

우리는 세상에 태어난 후 많은 사람에게 도움을 받으며 살아왔다. 인간은 태어나자마자 바로 일어나 걷지 못하는 동물이다. 지금 당신이 살아 있다는 것은 당신을 살게 해 준 존재가 있다는 증거이기도 하다.

나는 지금도 1년에 두 번, 오봉お盆(양력 8월 15일 전후 2~3일간

의 명절. 한국의 추석에 해당하며, 고향을 찾고 조상을 기린다.－옮긴이 주) **연휴와**
연말에 구마모토에 있는 친정으로 성묘를 간다. 성묘는
자신을 낳고 기르고 지켜 준 분들을 생각하는 소중한 시
간이다. 또한 고인을 추억함으로써 자신이 많은 선조의
도움으로 살아왔다는 사실을 되새기는 일이기도 하다.

혼자 태어나 혼자 죽는 게 인간이라지만, 끝까지 혼자
살아가는 사람은 없다. 지금까지 살아왔다는 것은 분명
누군가에게 안기고, 누군가의 손에 이끌리고, 누군가와
관계를 맺으며 많은 사람의 도움을 받아 왔다는 뜻이다.

"나는 혼자 살 거니까 신경 쓰지 마"라고 선언하고 싶
어질 때는 이 사실을 떠올리길 바란다. 그 말을 들어 주는
상대도 당신을 살게 하는 소중한 사람이라는 사실을.

내 인생은 나의 것이다.
하지만 나에게 생명을 부여하고 키워 준 사람들이
있기에 내가 지금 여기 존재하는 것이다.
'혼자서 살아갈 거야'라니, 어리석은 말이다.

모든 인생은 누군가의 마음에
흔적을 남긴다

"살아간다는 건 뭘까요?"

종종 이런 질문을 받는다. 우리가 세상에 살아 있었다는 증거라면 그건 세상을 떠난 후에도 소중한 사람에게 진한 추억으로 남는 것 아닐까.

라디오 진행자이자 작사가인 에이 로쿠스케永六輔 씨가 생전에 이런 말을 한 적이 있다.

"사람에게는 두 번의 죽음이 있다. 첫 번째는 육체의 죽음이다. 하지만 그를 기억하는 사람이 남아 있는 한, 그는 그 사람의 마음속에 계속 살아 있다. 죽은 이를 기억하는 사람이 아무도 없을 때 우리는 두 번째 죽음을 맞는다."

많은 지인을 떠나보낸 지금, 그 말이 꼭 맞구나 싶다. 누군가에게 기억된다면 그는 타인의 가슴속에 아직 살아 숨 쉬고 있는 것과 같다. 추억이라는 꾸러미 속에는 그 사람이 어떻게 살아왔는지가 그야말로 고스란히 남겨져 있다. 노년의 약한 모습이 아니라 생기 있고 매력 넘치는 모습으로 그곳에 살아 있는 것이다.

다른 이들에게 추억으로 떠오르는 사람이 되려면 어떻게 해야 할까. 우선 친구를 많이 만들면 좋다. 그리고 봉사 단체에 들어가 사회 속에서 다른 사람들에게 도움을 주는 활동을 한다. 어느 정도 자녀를 키운 부모나 정년퇴직한 사람들은 이후 적극적으로 사회에 어우러지지 않으면 인간관계가 점점 얕아지기 마련이다. 그렇게 살다가는 병원에서밖에 자신의 이름이 불리지 않게 되고 만다.

오래 살아온 사람은 긴 세월 동안 쌓아 온 지혜와 기술을 미래에 전하는 역할을 맡아야 한다. 타인과 두텁게 관계 맺고 누군가에게 도움을 주며 산 사람은 반드시 많은 사람의 가슴속에 추억으로 남을 것이다.

사람은 '누군가의 추억'으로
영원히 살아간다.
당신은 누구에게,
어떤 모습으로 남고 싶나요?

3
장

문제를 바로 볼 수 있는 거리.

괴로운 문제에서
벗어나는 방법

말로 꺼내어 '이야기하는話す(하나스)' 건 문제를 자신에게서 '떼어 놓는離す(하나스)' 일이며 공교롭게도 이 두 단어는 발음이 같다. 일본어에는 이런 동음이의어가 수없이 많은데 그 의미가 서로 밀접하게 연결되어 있는 경우가 흔하다.

뺏뺏하게 굳은 얼굴을 한 남자가 법률사무소에 찾아온 적이 있다. 그는 무엇이 이혼 사유가 될 수 있는지, 이혼 절차는 어떻게 되는지 등을 물었다.

"이혼 성립 사유는 사실상 이혼 사례만큼 존재한다 해도 과언이 아니에요. 괜찮다면 어떤 문제를 겪고 있는지

제게 말씀해 주시겠어요?"

나는 그가 자기 얘기를 편히 털어놓도록 유도했다. 그는 잠시 주저하는가 싶더니, 이내 조금씩 입을 열었다.

그와 아내는 나이 차이가 많이 나는 편이다. 지난해 부부 사이에 첫아이가 태어났다. 남편은 아내가 육아에 집중해 주기를 바랐지만 아내는 한창 젊은 나이에 집에만 있을 수 없다며 아이를 친정에 맡기겠노라 선포했다. 그리고 복직해 몇 달 전부터 다시 회사를 나가기 시작했다. 아내는 직업 특성상 야근과 약속이 잦은 편이라 그가 처가에 들러 아이를 데려오는 날이 점점 늘어났다. 그가 화를 내면 아내는 자기 인생을 존중해 주지 않는다며 속상해했고, 가정에는 하루도 싸움이 끊이지 않았다.

아무에게도 털어놓지 못하고 꾹꾹 눌러두었던 말들이 하나둘 밖으로 나오고, 그는 쏟아 낸 말을 발판 삼아 다시금 힘겹게 이야기를 이어 갔다. 그러는 동안 조금씩 자신을 되찾은 것일까. 말을 마친 그는 온화한 얼굴로 바뀌어 있었다. 마치 다른 사람인 듯했다. 후련하다는 표정을 짓는 그의 얼굴은 햇살 받은 꽃처럼 환한 빛을 띠었다.

"철없는 아내가 미워서 요 며칠은 결혼 자체를 후회했

어요. 감정을 주체하기 힘들더군요. 그런데 변호사 선생님과 이야기해 보니 뭐가 문제인지 보이는 것 같습니다. 그동안 화만 냈는데, 이번에는 어떻게든 아내와 제대로 대화해 봐야겠어요."

그날 내가 한 일이라고는 그가 계속 이야기할 수 있도록 격려하고 적절히 호응해 준 것뿐이었다. 이처럼 가슴속에 쌓인 고뇌와 분노를 말로 꺼내 놓는 일에는 그 자체로 마음을 치유하는 효과가 있다. 그저 말했을 뿐인데 고통에서 해방된 기분이 드는 것이다. 누구나 겪어 보았을 테지만 괴로운 일이 생기면 너무 버겁고 도저히 빠져나갈 수 없을 것 같아 절망스럽다. 하지만 그때 누군가가 내말을 들어 주고 함께 의논해 주면 이런저런 방안이 떠오르면서 그 방안들을 실행하기만 하면 문제가 곧 해결될 것처럼 느껴지곤 한다.

제아미는 노가쿠 이론서인 『가쿄花鏡』에서 '리켄노켄離見の見'을 언급했다. 이는 무대 위에 오른 배우가 객관적인 시선으로 자신의 연기를 바라보는 의식을 가리킨다. 나를 찾아오는 의뢰인들은 모두 이혼이나 상속 같은 인생의 중대사를 맞닥뜨린 사람들이다. 처음 사무실에 발

을 들일 땐 많은 사람이 "앞이 캄캄해요"라고 말한다. 그러나 돌아갈 즈음에는 "마음이 놓입니다. 오길 참 잘했어요. 잘 해결할 수 있을 것 같아요"라고 말하며 웃곤 한다. 법이 갖는 힘 또는 내 능력 때문이 아니라 의뢰인이 스스로 자신과 문제를 객관적으로 인식하면서 시야가 넓어진 덕분이다.

혼자 문제를 마주하고 골몰하면 좁은 틀 안에 갇히기 마련이지만 법의 지식과 제삼자의 시선을 접하면 자신의 문제를 객관적으로 바라볼 수 있게 된다. 문제를 바라보는 시각이 달라지면 비로소 해결책도 보인다.

말하는 행위는 문제를 자신에게서 '떼어 내' 거리를 두는 일이자 마음에서 내려놓는 일이다. 한 발짝 거리를 둘 수 있다면 자신을 괴롭히던 문제를 대하는 마음 자세가 달라진다. 마음 자세가 달라지면 문제를 마주하는 방법이 달라지고, 현실 또한 달라질 수밖에 없다.

나는 내담자들에게 힘주어 말한다.

"변호사를 찾아오신 이상 반드시 해결해 드릴게요."

그들을 격려하기 위해서라기보다는 문제와 적당히 거리를 두면 반드시 해결의 실마리가 얼굴을 내민다는 사실을 1만 건 이상의 상담 사례를 통해 알게 되었기 때문에 하는 말이다.

문제를 바라보는 자세가
해결로 가는 길을 결정한다.
우울한 이야기는 입 밖으로 꺼내어
'거리'를 두자.

고개를 들면
인생이 바뀐다

나를 찾아와 상담을 청하는 사람은 대부분 이혼이나 상속 같은 문제로 가족, 친척과 갈등을 겪으며 힘들어하는 이들이다. 이미 지칠 대로 지쳐 나에게 올 때쯤이면 생기가 하나도 없는 얼굴이 된다. 배우자의 지나친 폭언으로 자기 존재를 부정당하고 무기력해진 사람들, 피를 섞은 가족과 갈등하며 온전히 자신을 기댈 곳을 잃어버린 사람들은 모두 무거운 짐을 어깨에 짊어지고 있다. 내 눈을 똑바로 보지 못하고 금방이라도 숨이 끊어질 듯 힘없는 목소리로 겨우겨우 입을 뗀다. 그럴 때마다 나는 우선 이렇게 말한다.

"얼굴을 들고 제 눈을 보면서 말씀해 주세요."

그제야 사람들은 부끄러운 듯 천천히 고개를 들고 내 눈을 바라본다. 그러면 신기하게도 조금씩 눈에 빛이 돌아온다. 점차 목소리 톤이 바뀌고 조금씩 등을 편다. 문제를 끌어안은 몸짓에서 문제와 마주하는 자세로 바뀌는 것이다. 고개를 숙인 동작은 문제 속에 파묻혀 문제밖에 보이지 않는 상태를 드러낸다. 인생 자체가 문제가 되어 자신의 미래를 부정하고 있다는 뜻이기도 하다.

얼굴을 들고 앞을 똑바로 보기만 해도 미래를 바라보는 자세로 바뀐다. 그리고 자신이 속한 세상이 지금 서 있는 곳처럼 암흑 일색은 아니라는 사실을 비로소 알게 된다. 고민 없는 사람은 없다. 사람이 살아간다는 것은 다른 사람들과 얽혀 관계를 맺는다는 의미다. 따라서 행복한 일이 있는가 하면 순조롭게 풀리지 않는 일도 생긴다. 지금까지 많은 사람을 대하며 얻은 결론 중 하나는 모두가 겉으로만 봐서는 상상할 수 없는 고민과 고통을 안고 살아간다는 사실이다.

한편 같은 고민을 안고 있어도 여유로워 보이는 사람이 있고 괴로움이 얼굴에 고스란히 드러나는 사람이 있다. 문제의 소용돌이 속 어둠 한가운데 섰을 때 자신이 빠져나갈 수 없다고 믿느냐, 아니면 문제는 인생의 일부분에 지나지 않는다고 여기며 해결하고자 당당히 맞서느냐의 차이다. 문제 속에 내가 있는 것이 아니다. 나라는 세상, 꿈과 희망과 자유가 넘치는 그 세상 안에서 작은 점 하나에 불과한 문제가 발생한 것뿐이다. 문제에서 조금만 물러나 자기 자신과 문제를 직시한다면 반드시 해결의 실마리가 모습을 드러낼 것이다.

힘든 상황일수록 다른 사람의 눈을 똑바로 쳐다보며 말해 보자. 발끝을 보며 터벅터벅 걷지 말고 등을 쭉 편 채 앞을 향해 걸어 보자. 마음이 피폐해졌을 때야말로 꼿꼿한 자세를 취하라고 강조하는 이유는 문제와 나 사이에 제대로 거리를 두어야 하기 때문이다.

등을 꼿꼿이 펴고 시선을 들어 올리면
해결법이 보인다.
이 문제는 당신 인생의 극히 일부분일 뿐이다.

문제 해결에도
유통기한이 있다

　　　　　　　　배우자에게 받는 정신적인 폭력을
더 이상 견딜 수 없다고 호소하는 사람, 결혼 약속을 헌신
짝처럼 내다 버린 상대에게 복수하고 싶다며 흥분하는
사람, 다른 이성에게 가 버린 배우자를 죽이고 싶다며 분
노를 억누르지 못하는 사람, 교통사고로 피해자가 된 사
람과 가해자가 된 사람, 형사 피고인의 가족들……

　이들이 겪는 고통과 고민의 내용은 저마다 다르지만
모두 자신이 세상에서 가장 불행하다고 여기며 괴로움에
서 벗어나려고 몸부림친다.

　가끔은 변호사 사무실이 고통받는 사람들이 내뿜는

감정의 쓰레기장이나 그들이 가진 마음의 병을 고쳐 주는 치료실처럼 느껴질 때가 있다.

살아 있는 한 누구나 크든 작든 고민을 끌어안고 있기 마련이지만 다툼은 사람을 더없이 지치게 만들고 마음에 상처를 남긴다. 그뿐 아니라 소중한 생의 시간을 소모시킨다. 싸우는 데 온 힘을 쏟아붓다가 문득 엄청난 세월이 흘러 버린 사실을 알아차리고는 당혹스러워하는 사람이 많다. 피폐한 마음을 추스르는 데는 시간이 필요하다. 그러나 갈등이나 분쟁을 오래 질질 끌면 인생의 소중한 시간을 무의미하게 낭비할 수밖에 없다.

문제를 해결하는 열쇠가 있다면 그것은 화해를 전제로 대화하는 것이다. 특히 이혼 문제는 아무리 길어도 1년 이내에 해결하는 편이 좋다. 수많은 상담자를 만나 오는 동안 절실히 느꼈다. 오래 끌면 끌수록 회복 시점이 늦어질 뿐 아니라 다시 일어설 에너지마저 잃고 만다.

재판이 열리고 최고법원까지 올라가 분쟁한다 해도 결국은 경험 많은 변호사가 처음에 '이 정도 선에서 합의합시다'라고 제시한 조건 이상의 결과를 얻지 못하는 경우가 대부분이다.

이혼이 아닌 다른 문제에서도 분쟁만 하고 있으면 고인 물이 얼마 못 가 썩어 버리듯이 마음 역시 썩어 버리고 만다. 문제를 해결하는 데에도 유통기한이 있는 것이다.

북받쳐 오르는 감정을 일단 가슴 한구석에 잠재워 두고 앞으로 나아가기 위한 수단으로서 화해를 선택하면 바람직한 결과를 얻을 수 있다. 화해를 종용받으면 받아들이기가 쉽지 않을 것이다. 하지만 적극적으로 이에 응하는 것 역시 자신을 긍정적으로 변화시키는 좋은 방법이다. 그러면 인생을 인식하는 관점이 달라진다.

마음속에 얽힌 매듭을 자꾸 잡아당기기만 하면 결국 끊어 버릴 수밖에 없게 된다. 그런 상황에 빠지지 말고 뒤엉켜 있는 실을 한쪽 끝부터 살살 풀어 보자. 이런 '화해'를 발판으로 삼아 해결로 나아갈 때 마침내 행복을 얻을 수 있을 것이다.

'화해'를 선택한 사람은
반드시 행복에 이른다.
소중한 생의 시간을 소모하고 있지 않나요?

법이 모든 걸
해결해 주지 않는다

　　"벚꽃이 질 무렵에 죽을 수 있다면 최고지"라고 말하던 N씨가 세상을 떠났다. 그날은 마침 떨어지는 벚꽃이 눈보라처럼 흩날리던 따뜻한 봄날이었다.

　　N씨에게는 집과 땅, 퇴직금 외에도 여생을 보내기에 충분한 예금이 있었다. 그녀는 자신이 암에 걸렸다는 사실을 알고는 공증사무소에 가 유언장을 작성했다.

　　결혼하지 않고 줄곧 독신으로 살아온 N씨에게는 자신이 활동하던 복지 단체에 전 재산을 기부하겠다는 꿈이 있었다. 그녀가 세상을 떠난 후 일가친척이 유언장 내용을 확인했다. 유언장에는 "저축액의 80퍼센트를 내가 소속된 단체에 기증한다. 돌아가신 오빠의 장남에게 부동산과 남은 예금 20퍼센트를 상속하고 사후의 모든 절차를 맡긴다"라고 적혀 있었다. 그녀의 유언에 따라 유산이 상속되었고, 복지 단체에서는 본보기가 될 만한 기부의 뜻을 기려 유족에게 감사장을 전달했다. 보기 드문 깨끗한 결단이었다. 적절한 유언과 그것을 지키는 법률이 그녀의 소망을 실현해 준 것이다.

반면에 법이 비정해 보이는 경우도 있다. 의붓아버지의 유산 상속에 관해 상담하러 온 여성의 경우가 그러했다. 여성의 어머니는 그녀가 세 살 때 재혼했다. 의붓아버지에게는 친자식이 없었고 그 후로도 부부 사이에 자녀가 태어나지 않았다. 그녀는 줄곧 외동딸로서 의붓아버지에게 사랑받으며 자랐다.

어머니가 먼저 세상을 떠나고, 의붓아버지는 80세에 병으로 쓰러졌다. 그녀가 밤새 간병한 보람도 없이 아버지는 쓰러진 지 사흘 만에 돌아가시고 말았다. 그녀는 의붓아버지와 양자 결연을 따로 맺지 않았기 때문에 자신에게 유산상속권이 없다는 사실을 알고는 내게 상담하러 온 것이었다.

의붓아버지가 남긴 재산은 돌아가신 어머니와 함께 축적한 것이므로 실질적으로는 부모의 공동 재산이다. 법만 아니라면 그대로 딸이 전부 상속받는 게 당연했다. 의붓아버지가 "재산을 죽은 아내의 딸에게 주겠다"라고 유언을 한마디만 남겼더라도 아무런 문제가 없을 일이었다. 하지만 이미 어쩔 수 없는 노릇이었다.

나는 의붓아버지의 법적 상속인인 조카들에게 상황을 설명했다. 다행히도 모든 상속자가 이해해 주었고, 나는 그들의 의견을 모아 상속인 변호사 앞으로 유산 목록과 유산 형성 경위를 적은 편지를 보냈다. 결국 전체 유산의 절반을 그녀가, 나머지 절반을 의붓아버지의 조카들이 받는 것으로 이야기가 마무리되었다.

법은 인간관계에서 발생하는 문제를 해결하기 위해 정한 규칙이다. 물론 법으로 구원받는 사람도 있지만 때때로 법이 현실과 맞지 않는 경우도 있다. 그 틈을 메우는 것이 바로 변호사의 역할이다.

"상대의 입장이 되어 생각해 봐요."

신입 변호사 시절, 은사님께 자주 들은 말이다. 이 말을 깊이 새기게 된 계기가 있다.

한 여성이 찾아왔다. 그녀는 가정이 있는 남성과의 사이에서 아이를 낳았는데, 그 아이를 인정받고 양육비를 청구하고 싶다고 말했다. 상대 남성은 아내에게 들키면 곤란하다며 조정 절차를 밟지 않고 고액의 위자료와 자녀 인정 그리고 양육비 청구 등 여성의 조건을 순순히 들어주었다. 나는 무척 만족했지만 의뢰인은 나에게 항의했다.

"저는 조정 절차를 밟길 바랐어요."

그녀는 아내와 이혼하겠다고 말하며 자신과의 관계를 이어 가 놓고 막상 아이가 생기자 도망치는 이 무책임한 남성을 조정 자리로 끌어내고 싶었던 것이다. 그리고 진지하게 그녀와 아이를 대면하고 자신이 저지른 행동에 책임지길 바랐다. 당시 풋내기 변호사였던 나는 그녀의 말을 듣고 나서야 깨달았다. 의뢰인의 억울한 속마음까지 헤아려 주지 못했다는 사실을 말이다. 사건을 해결한다는 건 의뢰인의 고통과 답답함을 풀어 줄 방법까지 헤아리는 일임을 이 경험을 통해 비로소 알게 되었다.

그 후로도 내가 관여한 수많은 사건을 통해 사람의 마

음이나 바람은 결코 법으로 심판할 수 없다는 사실을 절실히 깨달았다. 때로는 법의 도움을 받고, 때로는 법의 비정함을 피부로 느끼며 '어떻게 하면 의뢰인의 마음에 다가가 변호할 수 있을지, 어떻게 하면 의뢰인이 행복해질지'를 온 힘을 다해 고민했다.

사람에게는 마음이라는 것이 있다. 유산 상속이든 이혼 문제든, 법으로 정해졌으니 무조건 옳다거나 법을 어겼으니 심판해야 마땅하다는 자세로는 해결할 수 있는 일조차 해결하지 못할 때가 많다. 설사 해결했다 할지라도 가족 관계를 단절하는 비극이 종종 벌어진다. 상대를 이해하고 배려하는 마음이 있느냐 없느냐에 따라 결과가 매우 달라진다.

사람을 구원하는 것은 법이 아니라
해결하고자 하는 마음이다.
결국 남는 것은 돈이 아니라 '마음'.

어떠한 후회도
남기지 않는 삶

　　　　　　　　몇 년 전, 집 계단에서 발을 헛디뎌
넘어진 적이 있다. 대수롭지 않게 여겼는데, 며칠 후부터
허리가 아파 도저히 걸을 수 없는 지경이 되었다. 치료를
받고 시간이 지나면서 좋아지긴 했지만 50년 이상 취미
로 해 온 노가쿠에서 춤을 출 수 없게 되었다. 조심성 없
는 자신을 원망했으나 이미 엎질러진 물이었다. 생각할
수록 속상해도 어쩌겠는가. 나는 원래 지기 싫어하는 성
격이라 모든 일에 열성이지만 불가능한 일에는 집착하지
않는다. 춤은 단념하고 이젠 의자에 허리를 기대고 앉아
노래만 부르고 있다.

요즘 들어 나이가 든다고 해서 꼭 잃는 것만 있는 건 아니라는 생각이 든다. 지금까지 할 수 있었던 일을 할 수 없게 되지만 그만큼 얻는 것도 생긴다. 가지고 있던 자존심이나 고민은 여전해도 이제 그다지 신경 쓰이지 않고, 또 자연히 풀어짐을 느낀다. 매사에 조금 더 관대해지는 나를 발견한다.

할 수 없는 일이 한 가지 늘어나면 누군가의 손을 빌릴 수 있는 일이 한 가지 생기는 것이다. '혼자서도 너끈히 해내던 일'이라는 생각에 집착해 자존심을 쥐고 있으면 살아갈 수 없다. 할 수 없게 된 일은 놓아 버리고 할 수 있는 일을 하자. 그러면서 즐겁게 살아가자.' 이런 방향 전환이 무의식중에 시작된다.

끊임없이 머릿속을 어지럽히는 갈 곳 없는 생각들, 마음을 무겁게 짓누르는 답이 없는 문제들은 아무리 고민해도 어차피 풀 수 없다. 풀 수 없으니 결국에는 고민할 과제가 아닌 것이다. 대신에 하루하루를 더욱 평온하게 지내는 데 필요한 것들 쪽으로 시선을 돌리게 된다. 문제에 매달리며 아집을 버리지 못했던 것에 대한 속죄이기도 하고, 지금까지 말하지 못했던 진심을 전하는 일이기도 하며, 옛날에는 용서할 수 없었던 일을 용서하는 일이기도 하다. 뒤엉키거나 끊어져 버린 실을, 집착을 벗어던진 순수한 눈으로 다시 한 번 들여다볼 수 있게 된다.

나는 원래 성격이 급해 통화할 때도 용건만 말하고는 바로 끊는다. 하지만 '아, 그 말을 한다는 걸 깜빡했네' 싶으면 바로 다시 전화를 걸어 "자꾸 전화해서 미안해. 아까 못 한 얘긴데-"라며 말을 덧붙이곤 한다.

사람들이 이런 내 버릇을 일깨워 줄 때 새삼 생각했다. 이와 마찬가지로 인생에서도 미처 하지 못한 말이 있으면 덧붙이면 되는 것 아닐까 하고. 잘못 말했다면 정정하면 되고, 지나쳤다면 사과하면 된다. 결과를 스스로 다시 매듭지어 가는 느낌이다. 나이 들어 오래 산다는 건 '뒤엉킨 인생의 실타래를 다시 고쳐 맬 수 있는 시간'을 덤으로 받는 일이다. 분명 인생이 주는 포상이자 보너스 타임이다.

뒤엉킨 실을 행복한 결말로 다시 고쳐 맬 수 있는
인생의 보너스 타임.
나이 듦이란 모든 일을 정산하고 깨끗하게
되돌릴 수 있는 포상의 시간이다.

4
장

마음을 단단하게 하는 거리.

'진짜 마음'을
숨기는 이유

오랜 시간 이혼 사건을 다루다 보면 겉으로 봐선 알 수 없는 남녀 관계와 종종 맞닥뜨린다.

결혼 생활 6년 차에 접어든 동갑내기 부부가 있었다. 연애 때부터 남편보다 아내가 더 큰 회사에 다녔고, 소득도 더 높았다. 남편은 당당하고 능력 있는 아내가 좋았고, 아내도 착하고 성실한 남편을 진심으로 사랑했다.

그런데 결혼 후 남편이 다니던 회사가 점점 어려워지면서 결국 그에게까지 해고 통보가 날아왔다. 반면 아내는 능력을 인정받으며 승진 가도를 달렸고, 급여도 결혼 전에 비해 크게 뛰었다. 그즈음부터 부부 사이가 틀어지기 시작했다. 남편은 아내가 은연중에 자신을 무시한다고 느꼈고, 아내는 전과 달리 매사에 적대적인 남편의 말과 행동에 큰 스트레스를 받았다. 싸움이 싸움을, 불화가 불화를 부르는 악순환에 빠져 결국 부부가 이혼 상담을 받으러 온 것이었다.

남편과 둘이서 이야기할 때였다. 그는 실직한 후 아내가 자신을 제대로 상대해 주지 않고 잔소리만 한다고 화를 냈다. 나는 우선 그의 마음을 달래려고 적극적으로 맞장구치며 아내가 너무했다고 말했다. 그런데 내 말을 듣던 남편이 돌연 정색하더니 따지고 들었다.

"일이 많으니 당연히 집에 오면 피곤하지 않겠습니까? 선생님도 잘 아시면서 같은 여자끼리 너무하네요. 그리고 원래가 똑 부러지는 여자라 저한테 이것저것 잘 알려 주려고 그러는 겁니다. 그냥 잔소리하는 게 아니에요."

나는 황당한 마음에 입만 벙긋거릴 수밖에 없었다.

나중에 알고 보니 남편은 아내가 자신에게 과분한 여자라 생각하며 내심 그녀를 동경하고 있었다. 그래서 열등감과 불안에 시달렸고, 자신도 모르는 새 비뚤어진 방식으로 아내의 애정을 갈구했다. 그의 본심은 '남편으로

서 변함없이 존중받고 사랑받는다는 사실을 확인하고 싶어'였지 결코 '아내와 헤어지고 싶어'가 아니었던 것이다.

사람은 가장 중요한 본심은 감춰 두고 두 번째 마음을 말하는구나 싶을 때가 있다. 가장 바라는 바를, 가장 솔직한 마음을 입 밖에 냈다가 혹시라도 상대에게 받아들여지지 않을 경우를 상상하면 두려워 견딜 수가 없기 때문일 것이다. 그렇기에 두 번째, 세 번째 바람부터 조금씩 꺼내 놓으며 상황을 살피다가 결국 가장 원하는 바를 이루려고 한다.

바람피운 배우자에게 "사랑하니까 돌아와 줘"라고 솔직히 말하지 못하고 "1억 원을 위자료로 준다면 이혼해 줄게", "친권은 절대 넘겨주지 않을 거야"라며 날을 세우는 이들에게도 이와 같은 심리가 도사리고 있다. 진심을 말하지 못하는 이들을 보면 애잔한 마음이 든다. 본심을 말하지 않으면 상대는 모든 일을 자신의 시각으로 판단할 수밖에 없다. 이런 생각을 하면 사람이란 참으로 애처로운 존재구나 싶다.

관계의 끝까지 가서 "사실 내 속마음은 이랬어"라고 털어놓고는 이미 상당한 시간을 허비하고 먼 거리를 돌아왔다는 사실을 비로소 깨닫기도 한다. 역시 자신의 생각을 꽁꽁 숨겨 두어서 좋을 일은 하나도 없다.

**본심을 전달하는 것이
문제 해결로 가는 첫걸음이다.**
나이도 먹을 만큼 먹은 어른이
무얼 망설이고 있는가?

관계를 살리는 말,
관계를 망치는 말

　　　　　　　말이란 누군가에게 격려와 용기가
되기도 하지만 때로는 마음속에 엉킨 응어리를 풀지 못
하고 잘라 버리는 '칼날'이 되기도 한다. 특히 부부 사이
에 오간 말이 이혼의 직접적인 계기가 되는 경우가 많다.

　　"당장 나가! 더 이상 당신 얼굴 보고 싶지 않아."

　　"이혼해!"

　　이런 말을 듣는 동안 배우자는 정말로 가출을 생각하
게 된다. 상담하러 온 의뢰인을 대신해 내가 배우자에게
편지를 보내면 사람마다 제각각 다른 반응을 보인다.

　　"본심이 아니었습니다. 화해하고 싶어요. 어서 돌아왔

으면 좋겠습니다"라고 간절히 애원하는 사람이 있는가 하면 "자식들 친권도 재산도 주지 않을 겁니다. 그래도 좋다면 이혼해 주지요"라며 여전히 거만하게 구는 사람도 있다. 어느 쪽이든 "나가!"라고 큰소리쳐 놓고는 상대가 진짜 나가리라고는 생각지 못한 듯하다.

부모 자식의 경우도 마찬가지다.

"난 이런 자식 둔 적 없어."

"너 같은 건 낳지 말았어야 했는데!"

자식이 아무리 잘못했더라도 이런 말은 자식의 마음을 갈기갈기 찢어 놓는다. 가정폭력을 유발하거나 부모 자식 간의 연을 끊을 위기까지 초래할 수 있다.

오는 말이 고와야 가는 말이 곱다지만, 상대가 감정적으로 내뱉은 말을 고스란히 상처로 받아들여 똑같이 감정적으로 맞서기를 되풀이하면 대부분의 관계가 머지않아 깨지고 만다. 이렇게 가슴에 날아와 꽂힌 말의 비수는 싫든 좋든 상대를 아프게 하는 흉기가 틀림없기 때문이다.

물론 이런 말 이면에는 자신의 진심을 알아주길 바라는 마음, 자신을 소중히 여겨 주길 바라는 마음이 감춰져 있기도 하다. 하지만 말이 지닌 칼날은 뒤엉킨 두 줄의 실을 단번에 끊어 낼 뿐이다. 끊어진 실은 다시 고쳐 묶어도 원래 모양으로 되돌리기 어렵다.

"칼을 가지는 자는 다 칼로 망하느니라."

「마태복음」 26장 52절

예수 그리스도의 말이다. 누군가를 시험하려고 혹은 자기 뜻대로 조종하려고 던진 말은 상대는 물론 자신까지도 상처 입히는 '양날의 칼'이라는 사실을 잊어선 안 된다.

내던져진 '칼'은
마음속에 품고 있는 진심과 상관없이
상대에게 날카로운 상처를 입힌다.
내가 듣고 싶지 않은 말은 상대에게도 하지 마라.

그 사람을 '진짜로' 믿고 있나요?

역경을 맞닥뜨렸을 때 부부에게 가장 필요한 것이 무엇일까? 남들보다 조금 더 오래 살며 내가 경험한 바로는 '상대를 신뢰하는 마음'과 '서로 돕고자 하는 의지'다. 사랑은 이미 자취를 감추고 돈, 자식 등 형식적인 조건으로만 이어진 부부라면 장벽에 부딪힌 순간 관계가 산산조각 나고 만다.

정육점에서 일하던 한 남성이 있었다. 버는 돈은 적었지만 자신의 일을 좋아하고 성실해서 평판이 좋았다. 하지만 그의 아내는 고기를 만지는 남편의 일에 불만이 많았고, 급여가 적은 남편을 무시하기 일쑤였다. 결국 이혼을 결심한 부부가 나를 찾아왔다.

"아내는 제 일을 싫어하고 저를 창피해합니다. 하지만 저는 이 일이 좋아요. 돈은 그다음 문제입니다."

이혼을 조정하는 입장에서 안타까운 마음이 들었다. 남편은 당시 상황에서 최선의 위자료를 지급하고 정식으로 이혼했다. 조정 과정에서도 아내를 원망하는 말은 단 한 마디도 꺼내지 않았다. 평소 그의 성품이 어떤지 알 것 같았다.

한동안 혼자 지내던 남자는 몇 해 전에 새 가정을 꾸렸다. 그런데 근무하던 가게가 갑자기 도산하는 바람에 일자리를 잃고 말았다. 그가 직장을 찾아 동분서주하는 동안 새 아내는 가정을 지키려는 남편의 노력이 반드시 보상받을 것이라 믿으며 묵묵히 옆에 있어 주었다. 그리고 "당신처럼 열심인 사람은 언젠가 세상이 알아봐 주는 법이에요"라고 격려했다. 그런 아내의 믿음은 남편에게 무엇보다 큰 힘이 되었고, 얼마 지나지 않아 남편은 평소 그를 눈여겨보던 육류 회사에 당당히 스카우트되었다. 예전보다 훨씬 좋은 대우를 받게 된 그는 자신이 좋아하는 일을 하며 안정된 가정을 꾸려 가고 있다.

"전 부인에게는 저와 고락을 함께하고자 하는 의지가 없었습니다. 지금의 아내는 힘들 때나 좋을 때나 변함없이 저를 사랑하고 믿으며 마음을 써 줍니다. 그 덕에 걱정이나 불안 없이 제 앞에 닥친 문제를 극복해 나갈 수 있었어요."

이들이 보여 준 '서로를 향한 신뢰'야말로 어려운 상황을 헤쳐나가는 부부 사이에 반드시 필요한 무기다. 아내의 지지와 믿음이 남편의 의욕을 북돋우고, 남편의 성실함과 사랑이 아내로 하여금 모든 상황을 견디게 해 주었다.

아내라고 해서 어찌 흔들리고 불안한 날이 없었겠는가. 그러나 남편을 굳게 믿었기에 그 시간을 묵묵히 지나올 수 있었을 것이다. 참으로 깊은 신뢰에는 조건이 붙지 않기 때문이다.

말로는 믿는다면서 실제로는 상대방을 바꾸려 하거나 이래라저래라 참견하는 사람이 많다. "믿고 지켜볼 테니 잘해 봐"라는 마음 역시 진짜 믿음이라고 보기 어렵다. 믿는다고 아무리 말한들 실제로는 믿지 못하는 속마음이 그대로 느껴질 것이 분명하다.

나는 수많은 인간관계를 봐 왔다. 진정한 믿음은 지금 이 순간, 자기 자신과 자신의 곁에 있는 사람을 있는 그대로 믿고 소중히 대하는 마음 아닐까.

한편 마음이 쉽게 겉으로 드러나지 않는 사람도 있다. 부모나 배우자의 마음이 어떤지 모르겠다면 상대의 행동을 유심히 살펴보자.

내가 전문학교에 들어간 지 2년째 되던 해, 대공습으로 학교 건물과 기숙사가 모두 무너진 일이 있었다. 나는 어렵사리 한국에서 여권을 만들었다. 그리고 열흘이나 걸려 상하이역에 도착했다. 역에는 아버지가 마중 나와 있었다. "저 왔어요, 아버지!"라고 말하자 아버지는 평소처럼 무뚝뚝하게 "오냐"라고 한마디 하시더니 몸을 휙 돌려 재빨리 걸어갔다. 아버지는 과묵하고 엄격한 분으로 등이 곧고 단단하셨다. 하지만 그날만큼은 그 뒷모습에서 무사한 딸을 보고 내심 안도하는 감정이 고스란히 느껴졌다. 종종걸음으로 아버지의 뒤를 따라가면서 나역시 줄곧 긴장했던 마음이 스르르 풀리는 듯했다. 사람의 진심은 온전히 전해지기 마련이다. 그래서 진심이 중요하다.

상대를 소중히 여기고 기꺼이 버팀목이 되어 주는
능동적인 '신뢰'야말로
역경을 뛰어넘을 수 있는 힘이다.
말만 내세워선 진심이 전해지지 않는다.

결혼한 이유,
이혼한 이유

　　　　　　　　내가 1만 건이 넘는 이혼 상담을
하며 깨달은 아이러니한 사실은 대부분의 경우 결혼한
이유와 이혼한 이유가 다르지 않다는 것이다. 예를 들어
결단력을 갖고 리드하는 남자와 결혼해 보니 뭐든 강제
하고 고집이 세서 상대에게는 아무런 권한을 주지 않는
다거나, 또는 가고 싶어 하는 곳에 데려가 주고 로맨틱한
선물을 척척 안기는 남자와 결혼했더니 씀씀이가 헤프고
바람기가 많다는 식이다. 상담자 대부분이 결혼하고 나
서 배우자가 변했다고 입을 모아 말하지만 사실은 갑자
기 변한 것이 아니라 원래부터 그랬던 성격을 처음에는

매력으로 인식했던 것뿐이다.

장점이든 단점이든 모두 그 사람을 드러내는 특징이다. 처음 만났을 때나 상대에게 홀딱 빠져 있을 때는 그것이 장점으로만 보이기 마련이다. 그러나 결혼해서 함께 살다 보면 바로 그 특징이 단점으로 보이기 시작한다. 따라서 부부 사이가 원만하지 않아 고민일 땐 배우자의 장점을 찾아보려 노력하는 것도 현명한 방법이다.

나는 종종 이혼을 상담하러 오는 이들에게 이렇게 물어보곤 한다.

"다음 열 가지 중에서 당신의 배우자에게 해당되는 항목은 무엇무엇인가요?"

1. 일하지 않는다.

2. 생활비를 주지 않는다.

3. 낭비벽이 심하다.

4. 폭력을 휘두른다.

5. 폭언을 일삼는다.

6. 술고래다.

7. 바람을 피운다.

8. 빚이 있다.

9. 자녀 양육에 협력하지 않는다.

10. 가사를 돕지 않는다.

내가 봐 온 가장 일반적인 이혼 사유를 열 가지 뽑아 본 것이다. 이 중 한 가지 항목에만 해당하더라도 충분히 이혼을 고려할 수 있다. 폭력으로 안전을 위협하거나 사치가 심해 가계가 파산에 이를 지경이라면 나머지 여덟 가지를 다 충족한다 해도 당장 헤어지는 것이 옳다. 철저히 남성 중심 사회였던 과거에는 이혼녀라고 낙인찍히기 싫어서, 경제력이 없어서, 자식 때문에 참고 산 여성이 적지 않았으나 지금은 그런 시대가 아니잖은가. 무조건 참는 게 대수가 아니다. 이혼했다고 해서 잘못된 삶도 아니다.

그럼에도 내가 내담자에게 이 같은 질문을 하는 이유는 질문에 답하는 과정을 통해 자신이 정말 이혼을 원하는지 생각해 보길 바라는 마음에서다. 견딜 수 없이 헤어지고 싶어 하는 사람 중에도 알고 보면 여러 이유로 켜켜이 쌓인 스트레스가 상대를 향한 감정으로 폭발한 경우가 많다. 인생이란 생각보다 복잡다단하다. 지금 상대가 싫다고 냉큼 연을 끊어 버리기보단 한 번쯤 마음을 가라 앉히고 상대의 좋은 점을 찾다 보면 피할 수 있는 이혼도 있다. 실제로 위의 질문에 답하다가 '내 배우자에게 해당하지 않는 항목'을 보며 새삼 그의 좋은 점을 깨닫는 상담자가 생각보다 많다.

예전에 남편의 과도한 음주와 주사를 견디지 못하고 몇 번이나 친정으로 돌아갔던 아내가 이혼 상담을 받으러 온 적이 있었다. 합의가 안 되면 조정을 제기할 수밖에 없다고 알려 주자 더 생각해 보겠다며 돌아갔다. 그녀와 헤어지기 전, 나는 그녀에게 앞에서 말한 열 가지 항목을 보여 주며 질문을 던졌다.

그러고 2년쯤 지났을까. 놀랍게도 부부가 함께 나를 찾아왔다. 두 사람은 행복한 표정을 지으며 말했다.

"남편이 술을 끊더니 완전히 딴사람이 되었어요."

이렇게 말하는 아내 옆에서 남편은 싱글싱글 웃고 있었다. 부부는 내게 감사 인사를 전하러 왔노라고 말했다.

알고 보니 처음 나를 찾아왔던 날, 아내는 내 질문을 듣고 그동안 까맣게 잊고 있었던 남편의 장점을 생각하게 되었다고 한다. 남편은 연애 시절부터 유독 아내와의 약속을 잘 지키는 사람이었다. 그날 아내는 집으로 돌아가 남편에게 이혼을 생각하고 있다고 말했고, 그 이야기를 들은 남편은 술을 끊기로 굳게 약속했다.

"그때 선생님께서 열 가지 항목을 보여 주셨잖아요. 제가 5, 6번에 동그라미를 치자 선생님은 '그래도 여덟 가지나 좋은 점이 있네요'라고 말씀하셨죠. 그때는 사실 마음속에서 울컥 하고 반발심이 올라오더라고요."

아내가 살짝 수줍어하며 말했다.

내가 웃으며 "내 괴로움을 아무도 알아주지 않는 것 같아 섭섭하셨지요?"라고 묻자 아내도 방긋 웃음을 보였다.

"네, 맞아요. 이 세상에서 제가 가장 불행하다고 생각했으니까요."

나를 보며 환하게 웃는 그녀의 얼굴이 어찌나 아름답던지.

비단 이혼 문제뿐 아니라 인생에서 일어나는 다른 일도 그 이치가 크게 다르지 않다. 나쁜 면만 보려는 시각을 조금만 바꾸면 울며 왔다가 웃으며 돌아갈 수 있을 것이다.

한 곳만 주시하는 사람에게는
바로 옆에 핀 꽃이 보이지 않는다.
어느 사이엔가 '결점만 찾는 안경'을 쓴 채
상대를 보고 있지는 않나요?

사람과 사람을 잇는
'마음'이라는 끈

　　　　　나는 법률가이고 남편은 영어를 할
줄 알아서 둘이 함께 국제 입양에 관여한 적이 있었다. 이
는 생명의 소중함과 인연의 아름다움을 깨닫는 귀한 경
험이었다.

양자를 들이고자 입양을 의뢰한 사람은 대부분 아이
를 가질 수 없는 일본계 미국인이었다. 아이의 친모는
10대 소녀이거나 성폭행 등으로 원치 않는 임신을 한 후
중절 시기를 놓친 여성들이었다. 입양 문화가 일찌감치
뿌리내린 미국의 양부모들은 입양한 아이를 자신의 자녀
로 따뜻하게 맞아 주었다. 그들의 애정을 느낀 일이 있다.

지금으로부터 30년도 더 전의 일이다. 어느 날 한 양부모에게 연락을 받았다.

"아이가 한 살 반이 되었는데 아직 걷지를 못합니다. 태어났을 때의 상황을 의사에게 확인해서 자세히 알려 주실 수 있을까요?"

입양이 이루어진 지 1년 이상 지난 상황이었지만 아이에게 장애가 있다면 양자 결연이 취소될 수도 있다고 생각했다. 미국 법률에 따르면 양자 결연 후 파양이 인정되지 않는다. 그러나 일본인 사이에 입양이 이루어진 경우에는 아이가 양부모의 기대대로 자라지 않았다며 파양 청구 소송을 거는 일이 종종 있었다.

따라서 이 경우에 양부모 측에서 파양을 요구한다면 원하는 쪽으로 대응할 수밖에 없다고 판단하고, 그럴 의향이 있다는 내용을 적어 의사 소견서와 함께 보냈다. 그런데 양부모가 보내온 답장에는 뜻밖에도 이렇게 쓰여 있었다.

"이 아이는 저희 아이입니다. 일본으로 돌려보낼 생각은 없습니다. 의사에게 출생 시의 상황을 듣고 치료에 참고하고 싶었을 뿐입니다. 보내 주신 자료는 무척 도움이 되었습니다. 감사합니다."

나는 혈연을 넘어선 사람과 사람 사이의 인연에 무척 감동받았다. 이 밖에도 내가 만난 양부모는 모두 애정이 넘치는 사람들뿐이었다.

"왜 굳이 미국으로 아이들을 입양 보내는 겁니까?" 때때로 이런 질문을 받는다. 글쎄…… 일본에서 생면부지의 아이를 받아들여 키우는 사람이 과연 얼마나 될까? 반면에 자신이 낳은 아이를 보호시설에 맡기는 사람은 증가하고 있다.

국제 입양은 많은 일본 여성이 자립하는 데 도움을 주었지만 그 이면에는 눈물을 삼키며 아이를 떼어 놓는 엄마들의 아픔이 있다.

"너 혼자선 아이를 키울 수 없어."

"이 아이의 장래를 위해서야."

주변 사람들의 설득에 못 이겨 아이를 입양 보내기로 한 친모들은 아이가 바다를 건너간 후에도 울며 자책하고 괴로워했다. 그런 모습을 보면서 나도 마음이 아팠다. 하지만 아이가 따뜻한 양부모의 품에 안긴 모습을 확인하고 '그래, 이 아이는 행복해질 거야', '이 아이를 진심으로 소중히 여겨 주는 사람이 있어'라고 생각하며 눈물 훔치는 모습을 볼 때면 이 일을 하길 잘했다고 남편과 이야기하곤 했다.

되돌아보니 내가 관여한 국제 입양이 50건이 넘는다. 양부모들이 보내온 크리스마스카드에서 행복하게 웃음 짓는 아이들을 보면서 사람과 사람의 인연이 꼭 피로 이어지는 것만은 아니라는 사실을 배웠다.

**혈연보다 짙은 마음의 유대가
사람을 구원할 수 있다.**
사람은 '피'가 아니라
'마음'으로 이어져 있다.

혼자서
안간힘 쓰지 마세요

사람은 두 부류로 나눌 수 있겠다. 나이가 들면서 지금까지 걱정해 오던 일을 '더는 귀찮아. 이젠 됐어'라고 여유로운 마음으로 넘기며 용서하는 사람과 나이가 들수록 점점 더 원망이 심해지는 사람. 그 차이는 스스로 느끼는 행복의 정도 그리고 마음의 여유에서 비롯한다. 그렇다면 어떻게 해야 행복 지수가 올라가고 마음에 여유가 생길까?

무엇보다 과거에 집착하지 않아야 한다. '그때 이렇게 했더라면 좋았을걸', '그 사람을 절대 용서하지 않을 거야' 하는 후회와 원망은 행복을 멀찌감치 밀어낼 뿐이다.

아무리 노력해도 떨쳐 버릴 수 없는 과거가 있는가? 그럼 자신에게 한번 물어보라. "1년 후에도, 3년 후에도, 5년 후에도 나는 지금처럼 후회와 원망을 품고 괴로워하며 살 것인가?"

살아가는 한, 사람에게는 미래가 있다. 후회하고 원망하며 살 것인가 아니면 그런 감정을 떨쳐 버리고 평온하게 살 것인가. 미래는 선택할 수 있다. 다른 언제도, 다른 누구도 아닌 현재 시점에서 자신이 결정할 수 있다. 이 선택은 이혼이나 상속 같은 인간관계의 갈등을 푸는 열쇠다. 더 이상 이대로는 안 되겠다는 생각이 들 때 과감하게 방향을 돌려 좋아하는 일에 에너지를 쏟는 사람일수록 행복에 한 발 더 가까이 다가갈 것이다.

내 생각대로 되지 않는 인간관계를 어떻게든 해결해 보려고 혼자 안간힘 쓰는 사람이 많다. 그러다가 결국 부모 자식 간이나 부부간, 고부간에 품고 있던 문제가 밖으로 드러나는데 뒤틀릴 대로 뒤틀린 상황에서는 어떻게든 해 보려고 발버둥 칠수록 더 뒤엉킬 뿐이다. 그럴 때는 의도적으로 자신의 기대나 집착을 손에서 놓아 볼 필요가 있다.

내가 권하는 방법은 새로운 취미를 갖는 것이다. 나는 허리를 다쳐 노가쿠에서 춤을 출 수 없게 된 후, 언젠가 하고 싶다고 생각만 해 온 붓글씨를 배우기 시작했다. 선 채로 글씨를 쓰기 때문에 허리에 부담이 가지 않아 한 달에 한 번씩 꾸준히 하고 있다. 선생님이 워낙 칭찬을 잘하는 분이라 신이 나서 배우고 있다. 계속하다 보면 실력도 조금은 늘지 않을까 기대하며.

몇 살이 되든 새로운 일에 흥미를 갖고 도전하면 자신이 할 수 있는 일이 늘어난다. 지금 끌어안고 고민하는 문제가 아닌 다른 일로 눈을 돌려 새로운 인간관계 속에서 즐거움을 찾아보라. 지금까지 한 곳에만 집중하던 시야가 넓어져 마음에 여유가 생길 것이다. 마음에 여유가 생기면 타인에게도 관대해진다. 그리고 다른 사람의 행복을 질투하거나 시기하지 않는다. 미래를 바라보며 현재에 충실하면 행복 지수가 한층 높아진다. 지금 자신이 할 수 있는 일을 즐기다 보면 생각한 대로 되지 않던 문제가 자신도 모르는 사이에 해결되기도 하니까 말이다.

계속 원망하며 살 것인가 평온하게 살 것인가.
미래는 지금, 자신이 결정할 수 있다.
'무언가에 얽매인 감정'이
행복을 방해하지 못하게 하라.

힘든 오늘이
추억이 될 수 있다면

어떤 작가가 자신이 쓴 에세이에서 "지금까지 살아오면서 가장 기뻤던 일이 이혼"이라고 말했다. 그러고 보니 나 역시 오랜 시간을 끌던 이혼 사건을 겨우 매듭지었을 때 의뢰인이 "오늘이 제 인생에서 가장 기쁜 날입니다"라고 말하는 걸 자주 들었다.

여담으로 내가 남편에게 "당신은 살면서 언제 가장 기뻤어요?"라고 물었을 때 남편은 "교토에 있는 마이즈루항舞鶴港이 보였을 때"라고 대답했다. 대학 재학 중에 학도병으로 전쟁에 동원되어 2년 반이나 소련에 억류되었던 남편에게는 살아서 다시 일본 땅을 밟았을 때가 인생에서 가장 기쁜 순간이었던 것이다.

나는 사법시험에 합격했을 때 가장 기뻤다. 몇 번씩 계속 떨어지다가 아버지에게 특훈을 받아 가까스로 합격했으니 그 기쁨이 오죽했겠는가.

나는 법학부에 입학한 후 무척이나 고생했다. 스스로 도저히 법조인이 될 만한 사람이 아니라고 생각했기 때문에 공부에 그다지 몰두하지 않았다. 그러다 우연히 권유를 받아 기독교청년회YMCA에 들어갔다. 따뜻한 모임이었다. 그런데 내가 동아리 활동을 한다는 소식이 아버지의 귀에 들어가고 말았다. 격노한 아버지가 전보를 보내왔다. "법률이 싫다면 대학을 그만두어라"라고 쓰여 있었다. 답장을 하지 않았더니 "빨리 짐 싸서 돌아오너라", "공부하기 싫다면 송금을 끊으마"라고 계속해서 전보를 보내셨다. 아버지에게 죄스러운 마음이 들었다.

대학은 그만두고 싶지 않았기 때문에 교내의 사법시험 연구실에 들어갔다. 그러나 사법시험에는 도저히 합격할 가망이 없어 보였다. 아버지와의 약속을 져 버린 죄책감에 떨며 나는 아버지 몰래 기독교 세례를 받았다. 정신적으로 쫓기면서 구원을 바랐던 것이다.

대학을 졸업하고 구마모토로 돌아가 새로운 각오로 공부를 시작했지만 '원래 하고 싶었던 일이 아니야. 법 공부라니 적성에 맞지 않아'라는 생각이 가득해 수험서를 이불에 내던진 적도 있다. 법학책 밑에 소설책을 숨겨 놓고 아버지가 안 계실 때 꺼내 읽거나 몰래 영화를 보러 가기도 했다.

아버지는 학교 선생님으로 일하면서 꾸준히 독학해 변호사 시험에 합격하신 분이었다. 그러니 무슨 일이든 '하면 된다'라는 믿음이 강했을 것이다. 공부를 시작한 지 반년이 지나자 드디어 내 나름대로 답안 쓰는 요령을 터득했다. "너는 반드시 합격할 거야"라는 아버지의 격려에 힘입어 간신히 마음을 다잡고 공부에 몰두했다.

이듬해 필기시험에 합격했지만 구술시험에는 떨어졌다. 그다음 해 9월에는 아버지의 권유에 따라 구술시험을 준비하기 위해 도쿄로 올라갔고, 모교의 사법시험 연구실에서 전력을 다해 공부했다. 드디어 구술시험까지 순조롭게 끝내고 다음 날 합격자를 확인하러 법무성으로 향했다. 그곳에서 '합격'이라는 두 글자를 보고는 이루 말할 수 없이 기뻐서 나도 모르게 옆에 있던 남자를 붙잡고

펄쩍펄쩍 뛰었다. 그리고 곧바로 아버지에게 합격 소식을 알렸다. 이렇게 지난날을 되돌아보니 사람은 고생을 하면 할수록 그 뒤에 오는 기쁨을 더없이 크게 느끼고 언제까지나 잊지 못하는 것 같다.

"지금까지 살아오는 동안 가장 기뻤던 순간은 투병 중인 남편과 많은 이야기를 나눈 지난 반년이었어"라고 말하며 환히 웃던 친구가 있다. 기술직으로 일하던 그녀의 남편은 늘 말수가 적고 일밖에 모르는 사람이었다. 남편의 유일한 즐거움은 휴일에 혼자 낚시터에 가는 것이었다. 아내를 힘들게 하거나 불평을 늘어놓진 않았지만 아내는 과묵한 남편의 속내를 알 수 없어 항상 외로웠다고 한다. 정년퇴직 후 얼마 지나지 않아 남편이 병에 걸리자 이들은 비로소 부부다운 대화를 많이 나누게 되었다. 그리고 그제야 그녀는 남편과 마음이 통하는 걸 느꼈다.

"오래 산 덕에 좋은 일이 생긴 거지."

그녀는 진심으로 말했다.

지금 힘든 상황에 놓여 있다 하더라도 머지않아 이 순간이 "그때 참 힘들었어"라고 웃으며 말할 수 있는, 인생에서 손꼽을 만큼 소중한 추억이 될 것이라 믿는다. 그리고 추억의 뒤편에는 분명 자신을 지탱해 준 사람, 믿어 준 사람, 사랑해 준 사람이 있었음을 깨닫게 될 것이다.

나이가 들면 들수록 힘들었던 일만큼이나 그리운 옛 추억이 떠오르기 마련이다. 고생한 이야기를 추억으로 풀어놓는 때야말로 열심히 살아온 자신이 자랑스러워지는 시간이며 지금의 행복을 실감하는 순간이기도 하다. 오늘은 가족이나 친구와 함께 '지금까지 살면서 가장 기뻤던 일'에 관해 이야기해 보는 건 어떨까?

괴로웠던 일이 행복한 기억으로 바뀐다면
내가 성숙해졌다는 증거.
힘든 오늘을 추억으로 기억할 수 있는 날이
분명히 온다.

5
장

인생에 향기를 더하는 거리.

당연하다고 말하고 싶을 땐
잠시 멈추어 서기

사람이 나이를 먹으면 고집이 세진다고들 하지만 나는 마음먹기에 따라 다르다고 생각한다. 물론 나이가 들수록 경험에서 얻은 교훈을 바탕으로 규칙을 정하고 거기에 맞춰 살아가는 경향이 있긴 하다. "요즘 젊은이들은"이라고 입버릇처럼 말하는 사람은 시야를 좀 넓힐 필요가 있어 보이지만.

나는 관계 속에서 일어나는 문제와 법을 통해 사회의 변화를 지켜봐 오면서 사람이 '당연하다'고 여기는 생각에 사로잡혀 있으면 자신과 맞지 않는 상대를 만났을 때 그를 거절하거나 바꾸고 싶어 한다는 사실을 알게 되었다. 그 결과 인간관계에 틈이 생기고 마침내 회복할 수 없을 정도로 관계가 벌어지고 만다. '당연한 일'이란 시대나 자라난 환경에 따라 다를 수밖에 없는데 말이다.

나는 젊은이와 이야기하기를 좋아하고 요즘 나오는 텔레비전 방송이나 유행을 아는 것도 즐겁다. 그래서 종종 다른 사람이 권해 준 모자나 스카프를 착용해 보기도 하고, 추천받은 텔레비전 방송을 보며 새로운 것들을 발견하기도 한다.

나이가 들어도 지금의 시대를 살아가는 일은 무척 소중하다. 지적 호기심을 잃지 말고 어떤 사람도, 어떤 일도 순수한 마음으로 대해야 한다. 뒤틀리지 않고 곧게 열린 마음을 가져야 한다. 이는 다른 사람의 말이라면 뭐든지 이해하고 받아들이라는 의미가 아니다.

변호사 일을 해 나갈 때도 이런 열린 마음이 필요하다. 의뢰인을 위해 양보하지 않는 강인한 신념을 가져야 하지만 한편으로는 마음을 열고 '아, 상대방은 이렇게 생각하고 있구나'라고 인정할 줄 알아야 한다. 사고를 열어 놓으면 주장이 유연해져 균형을 잡을 수 있다.

이처럼 강인함과 유연함의 균형을 잡는 일이 매우 중

요하다. 칭찬을 받으면 "아, 정말? 기쁜걸. 고마워"라고 솔직하게 말하는 것이 좋다. "이렇게 해 보면 어때?"라는 조언을 들으면 "아는 척하지 마!"라고 덮어놓고 부정할 게 아니라 "알려 줘서 고마워"라고 감사하게 받아들여 보자. 또한 자신과 다른 사고를 가진 사람을 만나면 '아! 이렇게도 생각할 수 있구나'라고 흥미를 가져 보자. 자신의 관점을 버리라는 말이 아니다. 이는 외부의 새로운 기운을 받아들이는 일이다. 이러한 여유를 가진다면 인생이 더욱 싱그럽고 즐거워질 것이다.

'당연하다'는 사고에 사로잡혀 있으면
상대나 사회를 거부하게 되고 결국은 고독해진다.
'당연하다'는 게 뭘까요?

'나'를 돌보지 않는
사람들에게

예전에 무심코 텔레비전을 보다가 푹 빠져 버린 애니메이션이 있다. 톨스토이 원작의 「구두장이 마틴」이다.

구둣가게 영감 마틴은 사랑하는 아내를 먼저 하늘로 떠나보내고, 얼마 안 있어 하나뿐인 아들마저 병으로 잃고 만다. 모든 희망이 사라지고, 홀로 외롭게 살아가던 그는 축제에 가자는 친구들의 권유도 마다한 채 집에만 틀어박혀 있었다.

어느 날 목사가 찾아와 마틴에게 낡은 성경을 꿰매 달라고 부탁한다. 그날 밤 성서를 읽다가 잠든 마틴의 꿈에

신이 나타나 "내가 내일 네게로 갈 것이다"라고 말한다. 다음 날 마틴은 아침 일찍 눈을 떴다. 여느 때와 기분이 달랐다. 신을 맞이하기 위해 열심히 방을 청소하던 마틴은 거리에서 눈을 치우는 청소부를 보고 따뜻한 홍차를 대접했다. 청소부는 무척 고마워했다. 얼마 지나자 이번에는 아기를 안은 부인이 외투도 입지 않은 채 추운 길을 걷고 있는 모습이 보였다. 마틴은 부인을 집으로 불러들여 난로 곁에 앉혔다. 그녀에게 빵과 스튜를 대접하고 자신의 어깨 숄을 내주었다. 몸을 녹이고 배를 채운 부인은 다시 힘을 내 길을 떠났다.

옅은 어둠이 깔릴 무렵에는 마틴의 가게 앞을 지나던 사과 장수 할머니가 어깨에서 소쿠리를 내리고 바닥에 앉았다. 그때 가난한 소년이 다가와 사과를 가로채 달아났다. 황급히 쫓아가 소년을 붙잡은 마틴은 할머니에게 소년을 용서해 달라고 부탁하고는 사과를 한 개 사서 소년에게 건넸다.

결국 신은 나타나지 않았지만, 자신이 세상에서 가장 불쌍하다고 생각했던 마틴은 더 가엾은 사람이 주변에 많다는 사실을 알게 되었다. 그리고 이런 자신도 다른 사람에게 친절을 베풀 수 있음을 깨닫고는 마음이 무척 따뜻해짐을 느낀다.

그날 밤, 마틴이 의자에 앉아 성경을 펼치자 신이 나타나 "오늘 네가 만난 사람이 모두 나였느니라"라고 말한다.

「구두장이 마틴」의 원제는 '사랑이 있는 곳에 신도 있다'이다. 우리가 사랑을 담은 행동을 할 때 그곳에 신이 존재한다는 메시지를 전해 주는 제목이다. 모든 것을 신을 대하듯 소중히 여기면 마음이 풍요롭고 따뜻해지며 고독이나 불행이 사라진다는 의미일 테다.

이후에 마틴은 다정다감하고 쾌활했던 자신의 옛 모습을 떠올리고 친구들과 어울려 마을 축제에도 참가한다. 아무리 힘든 일이 닥쳐도 사랑이 있는 곳에서 다시 시작할 수 있다는 사실을 새삼 느끼자 나는 가슴이 찡해졌다.

「구두장이 마틴」에는 외로운 사람이 많이 등장한다. 쌓인 눈을 치우는 청소부, 아기를 안은 부인, 사과 장수 할머니, 가난한 소년. 마틴이 실의에 빠져 가게에만 틀어박혀 있을 땐 누구도 그의 눈에 띄지 않았다. 그리고 마틴 또한 그 누구의 눈에도 띄지 않는 존재였다. 누구나 고독이나 죽음을 두려워할 테지만 더 두려운 것은 사람들 사이에 있으면서도 존재를 무시당하며 살아가는 일이다. 이는 살아 있음에도 죽은 것과 다름없는 삶이다.

나는 평소에 소외된 사람을 내버려 두지 않으려고 애쓴다. 가령 많은 사람이 모인 자리에서 누군가 혼자 덩그러니 서 있으면 "이쪽으로 오세요. 같이 이야기해요"라고 말을 건넨다. 모른 척하지 않고 "이쪽으로 오세요"라고 말을 거는 사람은 자신도 혼자가 되지 않고 고독하게 살아가지도 않을 테니까.

모든 사람 그리고 모든 사물에 신이 깃든다는 말이 있다. 예로부터 일본에 전해 내려오는 범신론적인 사고와도 통한다. 모든 사람과 사물을 소중히 대하는 마음가짐은 결국 자신을 소중히 대하는 마음과 다름없다. 사랑을 품고 행동하는 곳에는 반드시 인연이 생겨난다. 사랑이 있는 곳에 신도 있다. 그러므로 자신이 먼저 사랑을 보일 줄 아는 사람은 고독하지 않으며, 어떤 상황에서도 다시 일어설 수 있다.

내 눈에 비치는 모든 것을
내가 대우받고 싶은 대로 대우하자.
사랑이 있는 곳에 신도 있다.

자식이
부모를 키운다

아이가 어릴 때는 참으로 귀엽다. 아이가 존재한다는 사실 자체로 부모는 행복하다. 날마다 즐거운 추억이 쌓인다. 하지만 아이가 반드시 부모의 기대대로 자랄 것이라고 장담할 수는 없다.

자식이 등교를 거부하거나 가정폭력을 휘두르거나 10대에 임신과 출산을 겪거나 취직에 실패한 후 신경과민 증세를 보이면 부모는 이만저만 속상한 게 아니다.

"제 아들은 중학교 때까지만 해도 반에서 1, 2등을 다투곤 했어요. 착한 아이였는데 고교 입시에 실패한 뒤 성격이 변하더니 나쁜 아이들과 어울려 다니더라고요. 그러다 남편이 한 번 호되게 야단치자 가출해서는 그 길로 돌아오지 않고 있어요. 친구들 말을 들어 보니 폭력단에 들어간 모양이에요."

"딸을 완벽하게 키웠다고 믿었어요. 그런데 임신이라니요. 제가 자식을 잘못 키웠나 봅니다."

"이럴 줄 알았으면 오히려 자식이 없는 편이 나았을 거예요. 자식 없는 사람이 부러워요."

다양한 이유로 괴로워하는 부모의 고민을 들어 보면 자식에 대한 애정이 깊을수록 후회나 자책감이 크다는 사실을 알 수 있다.

나는 사법시험에 도전했던 20대 후반부터 30대까지 무척 바쁜 나날을 보냈다. 주변 사람들에게 도움을 받으며 나름대로 애썼지만 아이들에게 결코 100점짜리 엄마는 아니었다. 아이들과 더 많은 시간을 보냈더라면 좋았을 것이라는 후회와 아쉬움이 크다. 하지만 지난 시간은 되돌릴 수 없다. 당시의 나로서는 분명 할 수 있는 노력을 다했다.

어느 날 벽장을 정리하다가 아이들이 어릴 때 사용하던 목제 의자를 두 개 발견했다. 분홍색, 파란색 의자였는

데 이미 색이 다 바래고 쇠 장식도 녹슬어 있었다.

"이제 쓸 데도 없으니 버려야겠지?"

"버리지 뭐."

남편과 나는 의자를 하나씩 들고 쓰레기장으로 향했다. 버려진 가구들 위에 의자를 살짝 얹어 놓고 돌아오는데 갑자기 후회가 밀려들었다. 당시에는 질이 꽤 좋았던 자그마한 의자에 앙증맞게 앉아 밥을 먹던 아이들. 이제 완전히 어른이 되었지만 어릴 때의 그 귀여운 모습과 추억이 의자에 고스란히 남아 있는 것 같았다.

벌써 누가 가져갔으면 어쩌나 불안해하며 혼자 어두운 길을 되돌아 달려갔다. 마치 기다리고 있었다는 듯 의자 두 개가 나란히 나를 바라보고 있었다. 서툴고 미숙했지만 눈앞에 놓인 일과 육아에 온 힘을 쏟으며 필사적으로 살아온 나. 그리고 충분히 함께해 주지 못했지만 웃는 얼굴로 잘 자라 준 아이들. 나와 아이들의 옛 모습이 목제 의자 두 개에 추억이라는 이름으로 아로새겨져 있었다.

어렸을 적 아이들과의 추억이 담긴 사진과 물건을 들여다보며 당시를 떠올리면 '우리가 그 시절을 함께 살아온 게 분명하구나'라는 감회가 가슴을 파고들면서 마음이 차분해진다.

아이는 성장하는 과정에서 부모에게 한없는 기쁨과 행복을 주지만 자녀에게 상처받아 눈물 흘리는 부모도 셀 수 없이 많다. 자식의 일로 고통받은 부모는 한 인간으로서 성장하고 다른 사람에게도 너그러워진다. 그렇게 생각하면 부모로서의 나를 키운 사람은 부모도 교사도 아닌, 바로 자식인 것이다.

부모가 기대한 대로 자라는 자식은 별로 없다. 나는 자녀에게 어떤 기대를 하고 싶을 때 혹은 나무라고 싶을 때 나에게 과연 그럴 자격이 있는지 자문한다. 아이는 부모의 등을 보고 자라난다는 말에 백번 공감한다. 자식은 부모가 하는 '말'은 듣지 않지만 부모가 하는 '행동'은 그대로 따라 하기 마련이다.

기대한 대로 되지 않는 것이 자식이다.
하지만 자식을 위해 흘린 눈물이
부모와 아이를 성장시킨다.
아이는 부모의 말을 듣지 않지만
부모의 행동은 그대로 따라 한다.

사랑하는 이들에게
평화를 선물하는 법

유산 상속에 관한 상담이 나날이 증가하고 있다. 더불어 노부모를 간병한 사람을 존중하지 않은 채 자신의 배당분만 요구하는 사람도 늘고 있는 듯하다.

"아들이든 딸이든, 형이든 동생이든 상속분은 평등하지요? 법대로 청구하겠습니다."

"형제라고 해서 똑같이 나눈다니 말도 안 됩니다. 전 가업을 잇고 있잖아요."

"형이 재산을 독차지하는 건 절대 용납할 수 없어요."

"부모님 간병은 나 몰라라 하더니 어디 이제 와서 뻔뻔하게!"

　자식들 간에 논쟁이 격해지면 나는 공감하고, 달래고, 설득하며 가능한 한 모두 진정할 수 있도록 중재하곤 한다. 그러나 상대를 배려하지 않고 자신의 권리만 주장하며 다투다 형제자매가 의절하는 모습은 도무지 참고 보기가 힘들다.

　유산 분배를 둘러싼 다툼은 서로 양보하지 않는 이상 해결이 요원하다. 이러한 분쟁이 일어나지 않게 하려면 미리 유서를 남겨 두는 게 좋다. 나는 사람들에게 70세가 넘으면 유언장을 쓰라고 권한다. 그것만으로도 일단 다툴 일이 줄어든다고 생각하면 미리 써 두지 않을 이유가 없다.

　66세에 돌아가신 우리 아버지는 따로 유언을 남기지 않으셨다. 하지만 돌아가시기 반년 전에 "내가 죽으면 2층을 학생들 하숙방으로 만들면 좋겠다"라고 말씀하셨다. 그래서 가족들이 당장 단층 주택에 방 세 개짜리 2층을 지어 올리는 일에 착수했다.

　하숙방 이야길 하신 걸 보면 아버지가 어머니의 요리 솜씨를 인정했던 모양이다. 얼마 지나지 않아 아버지가 자식들에게 증축 완료 소식을 알려 왔다. 자식과 손주가 모두 모였고, 나도 태어난 지 반년이 채 안 된 큰아들을 안고 남편과 함께 참석했다. 아버지는 기분이 매우 좋아 보였다. 그러고는 그다음 달에 욕실에서 쓰러져 불과 3일 만에 세상을 뜨셨다.

어쩌면 당신의 죽음을 예감했던 걸까. 이후 어머니는 아버지의 바람대로 2층에 하숙생 세 명을 들였고 "모두 만족한단다"라며 기쁜 듯 내게 말씀하셨다. 아버지의 마지막은 그야말로 호쾌하고 인정 넘치고 통찰력 깊은 모습이었다.

유언장 작성은 노후 준비이자 삶을 돌아보고 주위를 정리하는 일이다. 유언을 써 내려가는 동안 인생을 살아 오면서 이루고 얻은 것들을 되짚어 볼 수 있다. 또한 자신이 몸져눕거나 치매에 걸릴 경우 저축이나 주식, 부동산 등을 어떻게 할 것인지 대비책을 세워 둘 좋은 기회이며 사랑하는 사람들에게 소중한 집과 돈을 선물할 준비를 해 두는 일이기도 하다.

내가 세상을 뜬 후 남아 있는 가족이 재산을 두고 얼굴 붉히지 않도록 미리 정리해 두는 건 매우 중요한 일이다.

재산의 많고 적음이 문제가 아니다. 슬픔에 잠길 사랑하는 사람들이 평온한 마음으로 지낼 수 있도록, 행복하게 살아가도록 메시지를 남기는 매우 기품 있는 행동이다.

유언장 작성은 가족에게 메시지를 남기는 일이자
자신의 인생을 되돌아보고 훗날을 대비하는 일.
"남길 재산이 있어야 말이지"라고 말하는
사람일수록 유언장을 써야 한다.

돈을 사용하는
가장 지혜로운 방법

누구나 주위 사람들에게 수고를 끼치지 않고 건강하게 살다가 죽기를 바란다. 그 때문인지 오래 살 것을 대비해 노후에 돈을 쓰지 못한다는 이야기를 자주 듣는다. 돈만 있으면 노후는 걱정할 게 없다거나 돈을 남기면 자식이 행복해질 것이라 믿는 사람도 적지 않다. 하지만 자신이 죽은 후 얼마 되지 않는 유산 때문에 혈육 간에 분쟁이 일어날 수 있다는 사실을 한 번쯤 생각해 봐야 한다. 돈이 있으면 든든하겠지만 그렇다고 해서 반드시 행복해진다는 보장은 없다.

어떤 남성이 세상을 떠난 뒤 친필 유서 세 통이 유족에게 전달됐다. 삼형제에게 각각 한 통씩 전해졌는데 형제들은 모두 아버지가 자신에게만 유언장을 남긴 것으로 알고 있었다.

삼형제 중 한 명이 내게 상담을 의뢰했다. 돌아가신 아버지는 70세에 아내를 먼저 떠나보내고 장남 가족과 함께 살았다. 그때 장남에게 자신의 전 재산을 상속하겠다는 유언장을 작성했다. 그런데 시간이 지나면서 큰아들 내외와 사이가 틀어졌고 차남과 삼남에게 하소연하게 되었다. 그러면서 두 아들에게도 유언장을 남겼다. 아마도 아버지는 자식들에게 효도를 받고 싶어서 각자에게 유리한 유언을 남겼을 것이다.

원래는 가장 나중에 쓴 유언장이 효력을 갖는다. 그런데 이 사건에서는 의외의 결말이 기다리고 있었다. 부친 통장에 남은 돈이 장례식을 겨우 치를 정도밖에 되지 않았던 것이다. 돈으로 이어진 부자간의 얄팍한 정을 보며 나는 착잡한 심정이 되었다.

중국 북송北宋 시대의 유학자 사마광司馬光은 이렇게 말했다.

"아무리 재산을 많이 남긴들 자손은 이를 잘 유지하거

나 훌륭하게 사용하지 못할 것이다. 자손이 번영하기를 바란다면 몸소 세상 사람들을 위해 음덕을 쌓아라. 이 음덕이야말로 자손이 행복하게 살 수 있는 밑바탕이 된다."

자식의 앞날이 걱정되어 재산을 남긴다 하더라도 갑자기 생긴 돈은 사람을 좀처럼 행복하게 하지 못한다. 바꿔 말하면 돈을 남기는 것보다 스스로 자립해 살아가는 법을 가르치는 것이 중요하며 그러기 위해서라도 자신이 지속적으로 사회에 도움이 되는 일을 해 나가야 한다는 의미다. 나는 사마광의 가치관에 적극 찬성한다.

해외의 부호가 자녀에게 유산을 물려주지 않고 사회나 봉사 단체에 기부한다는 소식을 종종 접한다. 나도 젊었을 때 대선배 변호사에게 "사회에 도움이 되는 일을 해야 한다"라는 말을 듣고 오랫동안 '사회복지법인 후쿠오카 생명의 전화'에서 이사를 맡고 있다. 그리고 비록 많은 금액은 아니지만 매년 조금씩 기부를 한다.

열심히 일해서 돈을 벌고 그 돈을 취미 활동이나 기부 같은 자신이 좋아하는 일, 가치 있는 일에 사용하면 다시 일을 할 에너지를 얻음은 물론, 사회에 조금이나마 공헌할 수 있다. 나 역시 이렇게 인생의 균형을 맞추며 살아왔다.

노후에는 무엇보다 자신이 즐거운 일을 하며 웃는 얼굴로 지낼 수 있어야 한다. 그렇게 살기 위해 돈을 쓰자. 여력이 있다면 자신이 살아온 세상 그리고 자손들이 살아갈 이 세상을 위해 돈을 써야 한다. 그러한 모습을 보여주는 것이 자손에게 진정 큰 재산을 물려주는 일 아닐까.

마지막까지 아끼고 참으면서 모아 남긴 재산이 자식들의 자립에 걸림돌이 되고 분쟁의 요인이 되어선 안 될 것이다.

남겨 준 재산에는 복이 깃들지 않는다.
오히려 사람을 불행하게 만들 수 있다.
물려준 유산 때문에 소중한 사람들이 다투는
비극이 일어나서는 안 된다.

산다는 건 하루하루
나다운 꽃을 피우는 과정

내 나이 어느덧 아흔 살이 넘었다. 변호사가 된 지도 벌써 60년이다. 인생을 뒤흔들 만큼 중대한 일을 나에게 맡긴 의뢰인을 위해 나는 한 건 한 건 사건을 대할 때마다 전력을 다했다. 지나간 일에 전전긍긍할 여유도 없이 그때그때 최선을 다하며 살아왔다.

변호사로 살아오며 절실히 느낀 것은 사람이란 누구나 내일 어떻게 될지 알지 못한다는 사실이다. 그렇기에 오늘 할 수 있는 일은 오늘 해야 한다. 하나의 사건, 한 사람의 상담자 그리고 하루를 정성껏 마주하며 살아가야 한다. 나는 그렇게 인생의 나날을 지나왔다.

나는 감사의 말을 전할 일이 있으면 그날 중에 하려고 노력한다. 그게 예의여서라거나 성공의 비결이라서가 아니라 그렇게 해야 나도 기분 좋고 상대도 기뻐하기 때문이다. 또한 내일은 서로 어떻게 될지 모르기 때문이며, 오늘 그 사람과 내가 이어져 있다는 사실이 진심으로 기쁘기 때문이다.

오늘 하루를 열심히 살지 않으면 내일은 없다.
평생 오늘 하루를 살아간다.
내일은 또 새로운 하루가 태어난다.

천태종 승려인 사카이 유사이酒井雄哉가 한 말이다. 승려가 되기 전 그는 특공대 대원이었다. 전쟁이 끝난 후 라면 가게를 열었으나 화재로 소실되었고, 결혼한 지 두 달 만에 아내가 자살했다. 인생의 쓰디쓴 고통을 맛본 그는 산속으로 들어갔다. 그리고 천일회봉행千日回峰行이라는 1,000일 동안의 도보 고행을 7년에 걸쳐 두 번이나 해냈다. 이 고행을 통해 그가 절절히 느낀 것은 다름 아닌 '하루를 소중히 살아가는 일'이었다고 한다.

수행자가 아닌 우리의 일상에도 갖가지 고난이 불쑥불쑥 찾아온다. 숨 쉬기조차 힘들 정도로 괴로운 상황, 불행한 사고, 소중했던 사람의 배신, 가족 간의 다툼, 질병 등 살아가다 보면 이런저런 예상치 못한 문제를 만난다. 인생의 밑바닥으로 떨어졌을 때 사람은 그 어둠이 줄곧 계속될 것 같은 착각에 빠져 옴짝달싹하지 못하고 절망 속을 헤매곤 한다. 그러나 절망적인 상황은 결코 오래 계속되지 않는다. 시간은 흐르고, 달라지지 않을 것 같은 상황도 시시각각 변하기 때문이다. 그러므로 오늘 하루를 최선을 다해 정성껏 살아야 하지 않을까.

오늘의 순간순간에 나다운 꽃을 피우고, 이 세상을 떠나갈 땐 꽃잎에 물방울이 듣듯이 싱그러운 '진정한 꽃'에 둘러싸이고 싶다.

살아가는 일의 묘미는
마지막에 피어날 '진정한 꽃'을 그리며
오늘 이 순간에 나의 꽃을 피우는 것이다.
내일 일은 아무도 알지 못하므로.

거친 자국이 인생의
아름다운 무늬가 된다

내가 태어난 구마모토는 양잠養蠶이 성한 마을이었습니다. 어릴 때 구마모토의 가미토오리마치上通町에 있는 누에 사육장에서 명주실을 만드는 광경을 흥미롭게 지켜보고는 했지요. 누에고치를 따뜻한 물에 담가 부드럽게 한 뒤 풀어진 고치의 섬유를 끌어당기듯이 끄집어내면 가느다란 실이 한 줄 탄생합니다. 실이 한 줄일 때는 쉽게 끊어지지만 여러 가닥을 합쳐 꼬면 점점 더 강하고 탄력 있는 아름다운 비단실이 만들어집니다.

인생도 비단실과 같다는 생각이 들 때가 있습니다. 한

가닥의 실을 한 인간으로 봅시다. 태어났을 때는 가늘디가늘어 금방이라도 뚝 끊어질 것 같지만 여러 사람과 관계를 맺으며 인생이 조금씩 강하고 탄력 있게 변해 가지요. 실은 점점 더 길어져 다른 실과 엮이면서 면을 이루고 마침내 커다란 직물로 넘실댑니다.

널찍한 직물은 사람을 부드럽게 감쌀 수 있습니다. 이것이 사람과 사람이 관계 맺는 모양이자 이 사회가 갖춰야 할 바람직한 모습이지요.

이때 중요한 것은 실끼리 적당한 거리를 유지해야 제대로 된 면을 엮어 낼 수 있다는 사실입니다. 실은 한번 엉키면 좀처럼 풀기 어렵고, 시간이 지날수록 더욱 심하게 뒤엉켜 결국 잘라 낼 수밖에 없는 상태에 이르고 맙니다. 꼬이고 얽힌 실을 풀고 싶다면 실이 끊어지지 않도록 한 올 한 올 정성스럽게 시간을 들여 풀어야 합니다. 그래요, 역시 시간이 필요합니다.

그래서 저는 오래 사는 삶이란 '시간'이라는 포상을 받은 것이라 믿습니다. 아직까지도 누군가와 마음이 꼬이고 얽힌 채 그 자리에 머물러 있다면 엉킨 실을 풀어 한 가닥의 실로 되돌리는 데 이 시간을 사용할 수 있겠지요. 아직 젊은 사람도 누군가와 적당한 거리를 유지하고 살면 더욱 마음 편안한 시간을 보낼 수 있을 것입니다.

누군가와 마음의 실이 엉킨 것은 결코 부끄러운 일이 아닙니다. 얽히고설킨 실을 한 가닥의 실로 되돌려 보면 엉켰던 곳에 거친 자국이 남을지 모르지만 다른 부분에는 없는 독특한 촉감을 지닌 실이 되어 있을 겁니다. 인생도 그런 식으로 생각해 본다면 좋겠습니다.

느긋하게 시간을 들여 엉킨 실타래를 풀어 가길 그리고 인생에 덤으로 주어진 시간을 음미하길 바랍니다.

옮긴이 **김윤경**

한국외국어대학교를 졸업하고 일본계 기업에서 무역과 통번역을 담당하다
가 일본어 전문 번역가로 방향을 돌려 새로운 지도를 그려 나가고 있다. 현재
출판번역 에이전시 '글로하나'를 꾸려 외서 기획 및 각 언어별 번역 중개 업
무도 함께 하고 있다.
역서로는 『나는 단순하게 살기로 했다』 『홀가분한 삶』 『커피가 좋아서』 『아
무것도 없는 방에 살고 싶다』 『나는 상처를 가진 채 어른이 되었다』 『나는 착
한 딸을 그만두기로 했다』 등 다수가 있다.

적당한 거리를 두세요

1판 1쇄 펴낸 날 2019년 1월 10일

지은이 | 유카와 히사코
옮긴이 | 김윤경

편 집 | 안희주, 김소리
경영지원 | 이현경

펴낸이 | 박경란
펴낸곳 | 심플라이프
등 록 | 제2011-000219호(2011년 8월 8일)
주 소 | 경기도 파주시 광인사길 88 3층 302호 (문발동)
전 화 | 031-941-3887, 3880
팩 스 | 031-941-3667
이메일 | simplebooks@daum.net
블로그 | http://simplebooks.blog.me

ISBN 979-11-86757-32-1 03190